ベテラン融資マンの事業性評価

事業性評価の罠と
事業性理解の実務

寺岡雅顕
樽谷祐一 著
加藤元弘

銀行研修社

は　し　が　き

　地域金融機関の現場では、いわゆる「事業性評価シート（以下シート）」なるものが作成され、その運用に悩む職員の姿が目立つ。中には、シートの作成を、全稟議に貼付するように義務付けた金融機関もある。またそのシートには、一部の例外を除いて、「SWOT 分析表」ならびに「ビジネス俯瞰図」に大きな紙幅がとられているという共通の特徴がある。筆者は、決して「SWOT 分析表」や「ビジネス俯瞰図」を否定するものではないが、ここに違和感を感じる。

　一般に企業は稟議制度を持つ。そして金融機関では、特に稟議制度が定着している。それだけに職員は形から入る傾向が強い。この状況で、一律のシートの運用は形式重視となり、危険であると感じている。言い換えると、シートを埋めることが目的化してしまう危険があるということだ。「業種別融資取引推進ガイド」や「業種別審査事典」を参考に、それらしく作成し、後は適当にそれらしく加工して「お茶を濁す」という取扱いになるおそれがある。「事業を理解することで良質な融資を積み上げ、地域経済に貢献する」という本来の目的を外れ、かえって危険な融資を積み上げてしまう危険が生まれる。

　「事業性を評価する？」という意味を少し考えてみたい。

　筆者は、評価という単語に強い違和感を感じている。果たして金融機関の職員にお取引先の事業性の評価などできるのであろうか？　そもそも、「評価」とは上から目線の表現である。この単語を用いることで、すでに方向性が見失われている…とは言い過ぎであろうか…。仮に評価という単語を用いても、相手を理解するという行動が、すべての原点になければならない。

　「評価」という単語には、「大きくなることが良いことだ」と連想さ

る魔力がある。しかし、中小零細企業の中には、「安定した経営と円滑な事業承継」を第一義に考えている経営者は意外と多い。こうした中小企業は、日頃からのリレーションの中に事業性を理解するヒントがあるものだ。

2015年1月、金融庁は「金融検査マニュアル別冊中小企業融資編事例集」に「事例20」を加えた。続けて2017年4月には、「経営者保証に関するガイドラインの活用に係る参考事例集」に「事例13」を明示的に付け加えた。いずれも「短期継続融資の重要性」を訴えたものである。短期継続融資の取組みは中小零細企業の「資金繰りの安定」につながる重要な本業支援の1つである。また、短期継続融資に取り組むには、日頃からリレーションを深め、的確な情報（資料も含む）の収集が重要となる。

事業性を理解する第一歩は、当社の財務実態を含め、実体把握である。「金融機関は、数字ばかり見て事業を見ていない」と金融庁は言う。そして、「事業性評価に基づく融資」を推奨している。しかし残念ながら、多くの金融機関では、数字すら見ていないのが現実である。当該企業の「財務体力並びに収益力実態を正しく把握し、好況・窮境に関わらず現状に至った理由を正しく把握する」ことが最も重要である。これができない者に、当該企業の事業性を評価（理解）などできるはずがない。

筆者は、決して「SWOT分析表」や「ビジネス俯瞰図」を否定しているわけではない。

融資の現場では、現状の情報[※]から仮説を導き、ヒアリングと観察を繰り返すことで企業の理解を深めることになる。中小零細企業であっても、複雑な業界であったり、複雑なビジネスモデルを持った会社は存在する。この場合、最初の当たりをつけるために「SWOT要素」を整理したり、今見えているビジネスを俯瞰してみることは必要である。し

がって、「SWOT分析表」や「ビジネス俯瞰図」について理解を深めておくことは大切と言える。しかし、あくまで入口としての整理であり、ヒアリングや観察を通じて得た情報をもって、再度整理し直してみることを忘れてはならない。

※金融機関に正しい情報が入っているとは限らないし、経営者が本当のことを言ってくれているとも限らない。

以上をふまえ、本書は次のとおり組み立てた。

第1章　短期継続融資
第2章　事例に学ぶ中小企業の事業性評価（理解）
第3章　事例に学ぶ財務実体把握
第4章　ビジネス俯瞰図、SWOT分析を用いた事業性評価（理解）

なお、第4章第2節「SWOT分析思考パターン事例」については、樽谷祐一氏に執筆をお願いした。シャーリング業（鉄鋼板の曲げ、裁断等の加工並びに精密加工業）を取り上げ、一般に言われる業界とは違う当社の強さが何処にあるかを、樽谷氏の経験をもとに解説していただいた。

同じく、第4章第3節「いわゆる事業性評価シート作成目的とプロセス」は、中小企業診断士として活躍する加藤元弘氏にお願いした。加藤氏は中小企業の再生支援に豊富な経験を持ち、いくつかの地域金融機関で、再生支援だけでなく、人材（目利き人材）育成の仕事にも携わっている。彼は、金融機関の出身ではない。樽谷氏と私は、金融機関出身で、しかも同じ銀行出身である。目線の偏りを修正する意味を込めて、加藤氏に最後のまとめをお願いした。

最後に、近代セールス（2017年4月1日号）に掲載された、現金融庁地域金融機関等モニタリング室長である日下智晴氏へのインタビュー記事を抜粋し、はしがきの締めくくりとしたい。

"本来事業性評価と言うものは個々の企業の実態に合わせて行うものであり、自己査定のように厳格な手順や基準を定めるものではない。例えば、取引先企業が100あれば100とおりの事業性評価があるはず。

　情報収集のために事業性評価シート等を用意することは構わないが、定型フォームに取引先情報を記入し保存すれば済むという性格の取組みではない。事業性評価は、地域性や市場、企業規模、業種業態、競合状況など様々な要素を加味して、個々の企業に対してオーダーメイドで取り組むべきもの。

　集めた情報をどのように評価するかが、事業性評価の肝となる。"

2017年9月

寺岡　雅顕

目　次

第1章　短期継続融資

第1節　短期継続融資が注目される理由とは？……………… 12
第2節　短期継続融資理解のための基本……………………… 15
　1．企業の実態に合わせた融資………………………………… 16
　2．望ましい財務………………………………………………… 17
　3．過去の貸し剥がしの実態…………………………………… 18
　4．中小企業の財務が歪む……………………………………… 20
　5．短期継続融資への取組みは重要な本業支援……………… 21
　6．短期継続融資推進上のポイント…………………………… 21
第3節　短期継続融資と事業性評価（理解）………………… 23
　1．2015年1月金融検査マニュアル一部改訂の経緯 ………… 23
　2．知ってナットク！　事例集「事例19」…………………… 25
　　（1）事例における事業性評価（理解）とは ……………… 26
　3．信用保証付長期融資の事業性評価付短期継続融資へのシフト… 29
　　（1）経営者保証に関するガイドラインの活用事例集「事例13」… 30
　　（2）シフトの重要性………………………………………… 33
　　　①不良化流動資産に当たっている長期融資を短期継続融資?… 34
　　　②依然赤字の場合の担保・保証に対する考え方……… 35
　4．いわゆる「事業性評価シート」等の罠と地域金融機関への期待… 35
　　（1）罠………………………………………………………… 35
　　（2）期待……………………………………………………… 36

第2章　事例に学ぶ中小企業の事業性評価（理解）

第1節　地方創生における地域金融機関の関わり方 …………… 40
1. 地方創生を3層2軸で考える ………………………… 40
2. 現場の実情 ……………………………………………… 42
   (1) 現場の取引先は中小零細企業が大半 ……………… 42
   (2) 今風の工夫を考えるべき …………………………… 43
   (3) 数字や表面には表れない企業の特徴を見極める … 43

第2節　知ってナットク！　事例集から学ぶ事業性評価（理解）… 45
1. 知ってナットク！　事例集とは？ ……………………… 45
2. 事例別にみる事業性評価（理解）のポイント ………… 50
   (1) トラック運送業者「事例9・事例12」……………… 50
     ① 「事例9」「事例12」の違い ……………………… 51
     ② 「事例9」の企業の事業性評価のポイント ……… 52
   (2) 金型製造業者「事例5」……………………………… 54
   (3) 繊維会社「事例6」…………………………………… 56
   (4) タオル製造卸売業「事例7」………………………… 58
   (5) 組み立て式家具製造卸売業「事例19」…………… 62
   (6) 漬物店「事例8」……………………………………… 65
   (7) 土木建設業者「事例15」…………………………… 67
   (8) 建設業者「事例18」………………………………… 70
   (9) 温泉旅館「事例10」………………………………… 73

第3節　事業性評価（理解）は
　　　　　M（向き合う）K（観察する）K（語り合う）……… 75

目　次

第3章　事例に学ぶ財務実態把握

第1節　財務実態把握がすべての始まり……………………… 78
1．目利きとは……………………………………………… 78

第2節　食品加工卸売業H社の事例研究………………………… 80
1．概況……………………………………………………… 80
2．財務実態把握に定性情報は欠かせない……………… 80
3．在庫の異常感から見える異常数字…………………… 86
4．借入金利子負担率の異常……………………………… 88
5．以上をまとめると……………………………………… 89

第3節　パン洋菓子製造販売業X社の事例研究………………… 90
1．概況……………………………………………………… 90
2．X社の歴史・沿革……………………………………… 91
3．業界の特徴・動向……………………………………… 92
4．矛盾点・疑問点………………………………………… 93
5．関連会社に対する疑問………………………………… 95

第4節　建設業等受注型産業の粉飾の見抜き方………………… 99
1．受注型産業が持つ運転資金の特徴…………………… 99
2．工事進行基準を悪用した粉飾の手口……………… 100
3．受注工事明細の偽造………………………………… 102
4．受注型産業の運転資金算定に利用する2つの算出方法…… 103
　(1)　受注工事明細書から導き出す………………… 103
　(2)　決算書、試算表から表面上の運転資金を算出………… 104
5．粉飾発見の着眼点…………………………………… 107

第4章　ビジネス俯瞰図、SWOT分析を用いた事業性評価（理解）

第1節　「和洋中華等業務用食品卸」および「S（水産加工品）製造販売」A社の事例研究 …………110

1．概況……………………………………………………………110
2．疑問点…………………………………………………………116
　(1) 老舗としての強みを活かせない理由………………………117
　(2) 急速な業績悪化の背景………………………………………118
　(3) 法人税充当額に異常感？……………………………………119
　(4) 在庫水準が低すぎる？………………………………………119
　(5) 流通部門を持つ意味は？……………………………………121
3．ビジネス俯瞰図………………………………………………122
4．SWOT分析…………………………………………………125
　(1) 外部環境分析…………………………………………………125
　　①マクロ環境分析………………………………………………125
　　②ミクロ環境分析………………………………………………126
　(2) 内部環境分析…………………………………………………127
　　①商品（製品）サービス………………………………………127
　　②販売マーケティング…………………………………………128
　　③人材組織………………………………………………………128
　(3) SWOT分析表………………………………………………129
　(4) 陥りやすい罠…………………………………………………131

第2節　SWOT分析思考パターン事例 ……………………132

1．事業内容の把握は物に着目…………………………………133
　(1) 書面等調査で分かること……………………………………133

(2) Ｂ工業の立地状況は………………………………………… 134
　2．財務面の検証………………………………………………… 135
　　(1) 損益計算書（P/L）………………………………………… 135
　　　①書面情報との比較………………………………………… 135
　　　②P/L を確認して疑問点をヒアリング …………………… 136
　　　③ヒアリングから分かること……………………………… 137
　　(2) 貸借対照表から考える（B/S）…………………………… 138
　　(3) ＳＷＯＴ分析表への落とし込み ………………………… 140

第3節　いわゆる事業性評価シート作成目的とプロセス………… 141
　1．ＳＷＯＴ分析ならびにビジネス俯瞰図を考える………… 141
　2．事前準備……………………………………………………… 142
　　(1) 事前準備としての定量分析（財務分析）……………… 142
　　(2) 事前準備としての業界動向分析………………………… 143
　3．ビジネスモデルを理解する………………………………… 144
　　(1) 当社を知る………………………………………………… 146
　　(2) 販売先を知る……………………………………………… 146
　　(3) 仕入先を知る……………………………………………… 150
　4．事業内容を掘り下げる……………………………………… 151
　5．あらためて、業界動向分析………………………………… 152
　6．ＳＷＯＴ分析への落とし込み ……………………………… 153
　7．課題抽出と解決策…………………………………………… 154

あとがき……………………………………………………………… 156

第1章

短期継続融資

第1節　短期継続融資が注目される理由とは？

　2015年1月における金融検査マニュアル一部改正において、当局は、別冊中小企業融資編事例集に、「事例20」を加えた。財務基盤が脆弱で、資産背景が乏しい中小企業では、資金繰りに着目した取組みが必要であることを、明確にメッセージとして発信した。

　企業経営者の究極の関心は、「利益を上げること」と「資金繰りの安定」にあると言ってよい。利益の上がらない会社は存続が難しい。一方利益が上がっても、資金繰りが破綻すると生き残れない。そして、**資金繰りの支援という面で短期継続融資への取組みは本業支援の有力な手法**となり得るというのだ。

　1990年代前半までは、地域金融機関の中小企業への資金供給は、長期の返済が適当である設備投資の資金等についても、契約上は短期の貸出とされ、返済期間が来ると再度貸出をするケースが多かった。

　しかし、金融検査マニュアルの普及に伴い、様子は大きく変わった。

　自己査定の運営面で、債務償還能力の不十分な会社であって、実質長期債務に手貸等期日一括返済の貸出がある場合、**実質的に返済を猶予**しているとして、金融機関は引当を求められたのである。引当を嫌う金融機関は、結果として、**貸し剥がし**に走り、社会的な批判が高まると、**経常運転資金にまで約定弁済を求める**行動に出た。一方の債務者企業も貸し剥がしを恐れるあまり、期限の利益の長い長期貸出での融資を求めた。さらに、税理士等の会計専門家も、「一括弁済を求められるのが怖かったら、長期で借りなさい」といった安易な指導を行ったのである。

　その結果、図表1-1に示すとおり、運転資金として融資しているものが60％であるのに96％が証書貸付となって約定弁済を求める金融機関

図表 1-1　某信用金庫における資金調達のミスマッチ

割引手形、手形貸付、証書貸付及び当座貸越の平均残高　（単位：百万円、％）

科目	平成 24 年度		平成 25 年度		平成 26 年度	
	平均残高	構成比	平均残高	構成比	平均残高	構成比
割引手形	1,882	0.9	1,870	0.9	1,511	0.7
手形貸付	1,987	1.0	2,371	1.2	2,186	1.0
証書貸付	192,367	95.8	194,338	95.5	200,782	96.0
当座貸越	4,595	2.3	4,870	2.4	4,711	2.3
合計	200,831	100.0	203,450	100.0	209,190	100.0

取引先別の貸出金残高及び使途別の貸出金残高　　　（単位：百万円、％）

合計	202,003	100.0	204,827	100.0	208,927	100.0
会員	184,086	91.1	182,324	89.0	183,952	88.0
会員外	17,916	8.9	22,502	11.0	24,975	12.0
設備資金	79,869	39.5	81,639	39.9	82,601	39.5
運転資金	122,134	60.5	123,188	60.1	126,326	60.5

まで出現した。これでは、売却代金は返済に回さざるを得ず、新たな仕入に支障をきたすことになりかねない。

　図表 1-2 は、金融庁のセミナーで使われた「金融機関の融資トレンド」を分析した資料である。2011 年を起点としているが、融資全体の中で、証書貸出金が増加し、短期貸出金が漸減し、中小企業の運転資金を圧迫し資金繰りに悪影響を与えていることが明らかに見て取れる。金融検査マニュアルの弊害が表面化したものという反省の上に立ち、「短期継続融資の取組みの重要性」をアナウンスするのはそのためである。

　本章では、「金融検査マニュアル別冊（中小企業融資編）事例 20（知ってナットク！事例集 PONT19）」ならびに「経営者保証ガイドラインの活用事例集事例 13」を用いて、短期継続融資について考える。

図表 1-2　金融機関の融資トレンド

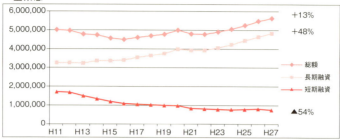

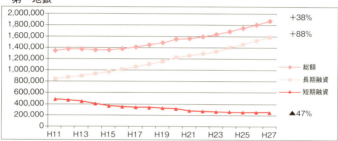

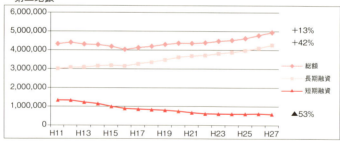

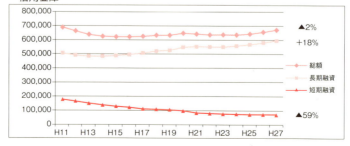

第2節　短期継続融資理解のための基本

　短期継続融資の取組みは、直接資金繰りに影響を及ぼすことから、本業支援という観点から特に重要な取組みと言える。一方、安易な取組みは当該金融機関の健全性に影響を与える可能性があることから、原理原則を理解した上で、顧客目線に立った運営が求められる。

　1990年代後半、不良債権問題から、我が国の金融システムは大きく揺らいだ。しかし、当初取られた対策は、中小企業に十分に配慮されたものでなかったことから、貸し剥がしが横行。その結果、中小企業特性に配慮した「金融検査マニュアル別冊（中小企業融資編）」が作成され、今日に至っている。

　中小企業に配慮した点とは、次の4点である。
① 　赤字になりやすい
② 　債務超過になりやすい
③ 　財務状況の回復に時間がかかる
④ 　貸出期間が短い（図表1-3参照）

「金融検査マニュアル別冊（中小企業融資編）」は、貸し剥がしに苦しむ中小企業にとって、貸し剥がし防止の観点から緊急避難的に一定の役割を果たしたと言える。しかし今日、金融庁は金融行政方針等で、**「日本版金融排除」という事象を指摘し、融資先の事業性を評価することによる円滑な資金供給を金融機関に要請**するに至った。そして、「円滑な資金供給」の為の有効な手法としてスポットライトが当たっているのが、「短期継続融資」なのである。

　本節では、日本版金融排除と言われる現状に至った歴史を、財務面から捉える。

図表1-3　中小企業の特徴

中小企業は
①赤字になりやすい
・景気の影響を受けやすく、一時的な収益悪化で赤字となりやすい。
②債務超過になりやすい
・自己資本が小さいため、一時的な要因で債務超過に陥りやすい面がある。
③財務状況の回復に時間が必要
・リストラの余地が小さく、黒字化や債務超過解消まで時間がかかることが多い。

いつの間にか歪となり、短期継続融資の必要性が叫ばれている!

④貸出期間が短い
・長期の返済が適当な設備投資の資金等についても契約上は短期の貸出とされ返済期間が来ると再度貸出をするケースが多い。

金融検査マニュアルの弊害と言われる

・自己査定の運営面で、債務償還能力の不十分な会社であって実質長期債務に手貸等期日一括返済の貸出がある場合、実質的に返済猶予しているとして、金融機関は引当を求められた。
・債務者企業も貸剥がしを恐れるあまり、期限の利益の長い長期貸出での融資を求めた。
・税理士等の会計専門家も、貸剥がしを恐れるクライアント企業からの相談に対し安易に短期借入の長期（証書貸付）借入へのシフトを指導した。

1．企業の実態に合わせた融資

　企業の実態に合わせた融資の基本は、本来、取引先企業の**資金必要理由にあわせて、返済財源をマッチングさせ、無理のない返済を行ってもらう**ことにある。
　例えば、資金必要理由の1つである、恒常的に発生する経常運転資金

(売上債権＋棚卸資産－仕入債務）は、商品を仕入れるための借入である。言い換えると、返済は、仕入れた商品が売れて手にした現金で行う。しかし、これを返済にあててしまうと、次の商品の仕入れができず、商売の持続は難しくなることから、金融機関は手形貸付や当貸等の短期の貸出で対応し、これを継続することで、実質的に返済を求めることなく取引先の資金繰りの手助けをすることが望ましい。

2．望ましい財務

　一方、**実質長期債務（（固定資産＋繰延資産－自己資本）＋不良化流動資産））の返済財源は、当該企業が生み出すキャッシュフロー（以下ＣＦ）**である。繰延資産はすでに出て行ったお金であり、資産勘定に上がるが、現金には一般的には換わらない。固定資産は企業のインフラを支える資産であることが多く、売ってしまうわけにはいかない、不良化した流動資産（回収不能な売掛金や受取手形、不良在庫や架空在庫等）は売りたくとも売れない。すなわち、実質長期債務に相当する各種資産は簡単に現金化できないため、前項で述べた経常運転資金とは根本的に返済財源が違う点を理解しておきたい。

　以上を踏まえ、一般に望ましい財務状況は図表1-4の右側「望ましい財務の形態」に示したとおりである。

図表 1-4 望ましい財務の形態とは

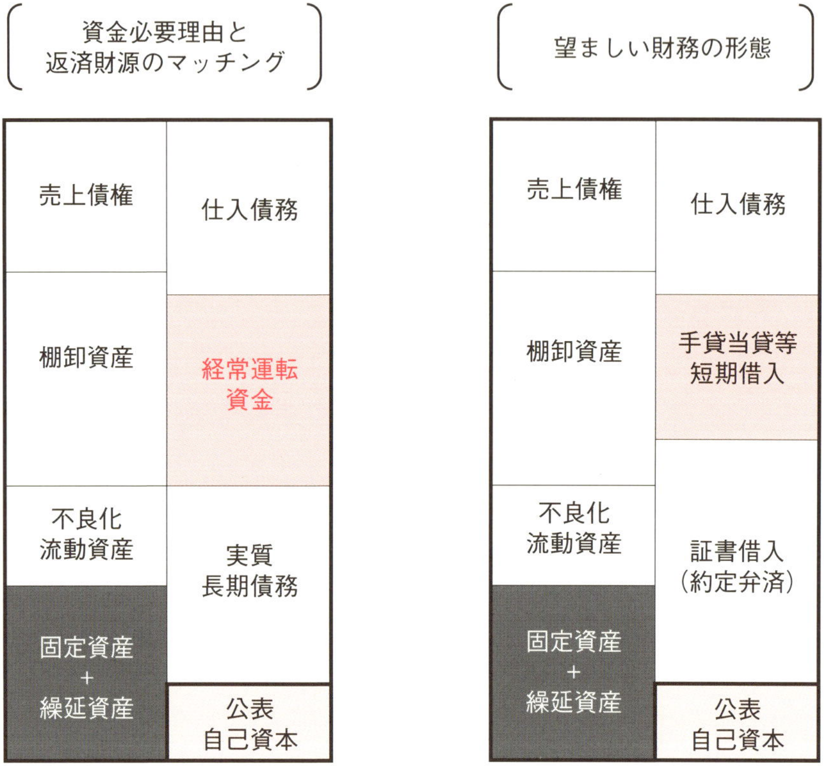

{ 資金必要理由と返済財源のマッチング }

売上債権	仕入債務
棚卸資産	経常運転資金
不良化流動資産	実質長期債務
固定資産＋繰延資産	公表自己資本

{ 望ましい財務の形態 }

売上債権	仕入債務
棚卸資産	手貸当貸等短期借入
不良化流動資産	証書借入（約定弁済）
固定資産＋繰延資産	公表自己資本

3．過去の貸し剥がしの実態

　金融検査マニュアルが公開され、運用が始まる以前の中小企業では、大企業と比べてＣＦが弱いため、恒常的な経常運転資金に止まらず、実質要償還債務の一部も手貸等の短期の貸出形態となっていることが多かった（図表1-3参照）。

　そもそも中小企業は収益力が弱くＣＦも十分ではない。そこで多くの

図表1-5　実質長期債務の実態

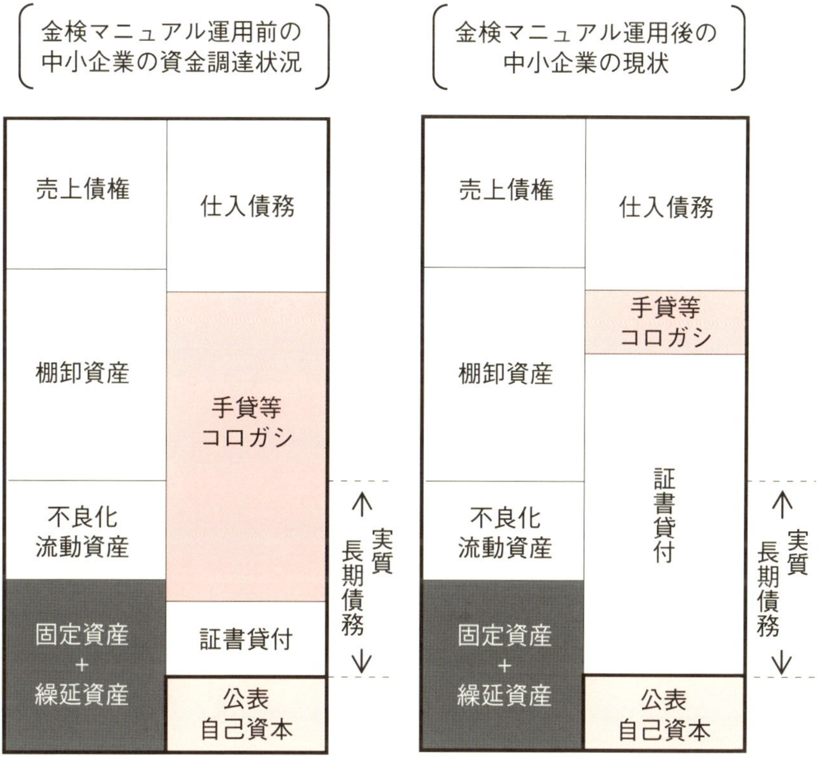

[図表：金検マニュアル運用前の中小企業の資金調達状況と、金検マニュアル運用後の中小企業の現状を対比。左側は資産側に売上債権・棚卸資産・不良化流動資産・固定資産+繰延資産、負債側に仕入債務・手貸等コロガシ・証書貸付・公表自己資本。右側は資産側は同じ構成、負債側は仕入債務・手貸等コロガシ（縮小）・証書貸付（拡大）・公表自己資本。実質長期債務の範囲を矢印で示す。]

　中小企業への融資形態は、分割弁済すべき実質長期債務の一部まで、期日一括返済の手形貸付等で融資され、実質的は書換継続することで資金繰りが安定し、さらには疑似資本的な役割を果たし、経営の安定に寄与していた（図表1-5・左側参照）。財務が脆弱な中小企業に対し、**地域金融機関が経験的に編み出した融資手法**と言える。

　一方、実質長期債務は、本来収益弁済[※1]すべきものであるが、金融検査マニュアルの運用開始により、実質長期債務の一部に返済条件の付いていない手貸等で融資されていた場合、**「実質的に返済を猶予してい**

る」（要管理債権認定の実質基準[※2]）とした。

　その結果、取引先企業の債務償還能力が乏しい場合、金融機関は引当を積み増すことが求められるようになった。これを嫌う一部の金融機関では、手貸は期限の利益が短いという点を巧妙に利用して、過剰な貸し剥がしを行った。その結果、中小企業の経営は圧迫されていったというのが現実である。

　　※1　収益弁済…その期にしか発生しなかった特殊なものを除く正味の収益力で返済すること。一般的には約定弁済付の証書貸付となる
　　※2　実質基準…財務償還能力が十分でない場合、実質長期債務の一部が手貸等のコロガシになっていると実質返済猶予と判定し、引当ての積み増しを求める考え方

4．中小企業の財務が歪む

　一方、金融検査マニュアル中小企業融資編は、「貸し剥がしの実態が出現したことから、**中小企業の特性に留意した運用が必要である**」との反省に基づき作成された。しかし、金融検査等の場面では、前述のとおり、実質長期債務に該当する貸出が、手貸等の実質返済を伴わない融資形態になっている（債務償還能力が十分でない）場合、実質基準に照らし、要管理債権として引当を積み増すように求められたのである。

　中小企業経営者は、こうした貸し剥がしの恐怖から逃れるため、長期の期限の利益のある証書貸付を希望し、企業に関与する税理士の多くも安易に証書貸付へのシフトを指導した。そして金融機関も要管理債権の判定と引当を嫌い、安易に証書貸付への切り替えを迫ったのである（図表1-5・右側参照）。さらに「できることなら…」と、リスクアセットの問題も絡み、**経常運転資金に該当する融資まで信用保証協会付の証書貸**

付とする動きが加速した。手形書き換えをコストと捉え、約定弁済付きの長期融資に切り替えることで、1つの企業に対する訪問頻度を下げてコストダウンを図ろうと考えた金融機関もある。

結果として本章第1節に示したように、総貸出金に占める運転資金が60％であるのに、証書貸付の占める割合が96％というポートフォリオを持つ金融機関が出現した。

5．短期継続融資への取組みは重要な本業支援

本章第1節に例示した金融機関は極端な事例であるが、多くでこうした**「資金使途と融資形態のミスマッチ」**が起きている。この結果、「収益機会獲得等のために新たな設備投資等を企画しても、返済負担の増大から踏み出せない。売上増加に伴う増加運転資金の調達どころか仕入資金が目減りしてしまう」など、縮小均衡に向かわざるを得ない状況を生みだしている。それこそ**「日本版金融排除」**が懸念される水準と言える。

すでに述べたとおり、短期継続融資は企業の資金繰りの安定に寄与するものである。好況・窮境といった状況にかかわらず、企業経営者にとって、利益の獲得と資金繰りの安定は最も重要な課題であり、関心事である。そして、安定して企業が存続することが金融機関にとっても安定した収益獲得の機会を生む。

すなわち、短期継続融資への取組みは、重要な本業支援であり、金融機関自身のサスティナビリティに資する取組みであるといえる。

6．短期継続融資推進上のポイント

狭い意味での**短期継続融資の対応範囲は、恒常的な経常運転資金の範**

囲である。その意味で短期継続融資を進める上でのポイントは、恒常的な経常運転資金を正しく見極めることであり、言い換えると**不良化流動資産を正しく切り分ける**ことにある。

　基本的には不良化流動資産は、前述のように売って返済できないだけに、取引先の生み出すＣＦが返済財源である。これを短期継続融資で対応することは、自らの健全性を損なうことになりかねないことから、事業計画書の実現可能性の検討等に基づき、慎重な判断が求められる。

　いずれにしても、**不良化流動資産を切り出し、経常運転資金を正しく把握することが基本**であり、経営者と向き合い、対話を重ね、観察を通じて、対象企業の財務の実態を把握することが重要となる。

　短期融資の場合、期日が来ると、金融機関は継続の是非を検討する。そのため当該企業の財務内容や経営実態を改めて把握しようとする努力を行うはずである。その過程において、経営者と向き合い、対話を重ねるなかで、当該企業の実態把握が可能となる。言い換えると、**短期継続融資は、事業性評価（理解）につながる基本のプロセスが織り込まれた重要な融資手法**の１つとも言える。

第3節　短期継続融資と事業性評価（理解）

　中小企業金融において、短期継続融資への取組みは重要な本業支援であり、事業性評価（理解）の基本であることはすでに述べた。本節では、「知ってナットク！　事例集事例19（金融検査マニュアル別冊（中小企業融資編）事例20に対応）」を取り上げ、短期継続融資と事業性評価（理解）について考える。

　なお、中小企業の事業性評価（理解）には、SWOT分析やビジネス俯瞰図等を駆使した、**いわゆる事業性評価シートとは違う視点**があることは、改めて第2章で詳しく解説する。

1．2015年1月金融検査マニュアル一部改訂の経緯

　金融庁では、2015年1月の「まち・ひと・しごと創生総合戦略（2014年12月閣議決定）」を踏まえ、「金融検査マニュアル別冊［中小企業融資編］」へ新たな事例20を追加した。

　この背景には、書換えが継続している手形貸付等について、「経常（正常）運転資金※を超える部分は不良債権に当たるかどうかの検証が必要」との考え方を受け、経常（正常）運転資金の範囲内であっても、「短期継続融資」による対応を差し控え、長期融資（多くは担保・保証付）で対応する動きが一部金融機関で見られたことに対する反省がある。

　こうした経緯を踏まえ、「知ってナットク！　事例集事例19（金融検査マニュアル別冊事例20に対応）」では、次の3点の明確化を図った（図表1-6参照）。

　①経常（正常）運転資金※に対して、「短期継続融資」で対応すること

図表 1-6 「知ってナットク！ 事例集」Point19

> **POINT 19**
> **無担保・無保証の短期継続融資で運転資金を借りることも可能です。**
> ・正常運転資金に対して、「短期継続融資」で対応することは何ら問題ありません。
> ・「短期継続融資」は、無担保・無保証の短期融資で債務者の資金ニーズに応需し、書替え時には、債務者の業況や実態を適切に把握してその継続の是非を判断するため、金融機関が目利き力を発揮するための融資の一手法となり得ます。
> ・正常運転資金は一般的に、卸・小売業、製造業の場合、「売上債権＋棚卸資産－仕入債務」とされているが、業種や事業によって様々であり、また、ある一時点のバランスシートの状況だけでなく、期中に発生した資金需要等のフロー面や事業の状況を考慮することも重要です。
> （知ってナットクP16参照）。

出所：金融庁「知ってナットク！ 事例集」より抜粋

に何ら問題はない。

② 「短期継続融資」は、**無担保、無保証の短期融資**で債務者の資金ニーズに応需し、書換え時には、債務者の業況や実態を適切に把握してその継続の是非を判断するため、金融機関が**目利き力を発揮するための融資の一手法**となり得る。

③ 経常（正常）運転資金は一般に、卸・小売業、製造業の場合「売上債権＋棚卸資産－仕入債務」とされるが、業種や事業によって様々であり、また、ある**一時点のバランスシートの状況だけでなく，期中に発生した資金需要等のフロー面や事業の状況を考慮**する。

※「知ってナットク！ 事例集」では正常運転資金と表記されているが、正常運転資金というと正常か異常かという対比の中で、条件変更に追い込む「入口」のような印象があり、本書ではあえて「経常（正常）運転資金」と表記した。

2. 知ってナットク！ 事例集「事例19」

　知ってナットク！ 事例集「事例19」は図表1-7のような内容になっている。

　☹として記されている、「アジア製の廉価品に押され、前期決算では売上高が前々期比40％まで落ち込んでおり、決算書上の数値から機械的に算出される経常（正常）運転資金は大幅に減少している」という意味をバランス・シートで考えると、図表1-8で「A→B」の状況を示している。

　機械的に判定するなら、過剰在庫等を決算時点では抱えており、在庫調整資金や減産資金※対応となり、返済条件を付けざるを得ないということになる。

　※在庫調整資金・減産資金…拙著「ベテラン融資マンの知恵袋」第3章第2節(3)③『減産資金』を参照。

　一方、☺として記されている「廉価品に比べたｄ社の製品の質の良さが見直され、今期は前々期並みの売上を確保できる見通し」とは、図

図表1-7　知ってナットク！ 事例集「事例19」

事例：組立て式家具の製造・卸売業者ｄ社
概況：地元のホームセンターを中心に組立て式家具の製造・卸をしている。
☹　アジア製の廉価品に押され、前期決算では売上げ高が前々期比40％減程度まで落ち込んでおり、決算書上の数値から機械的に算出される正常運転資金は大幅に減少している。
☺　廉価品に比べたｄ社の製品の質の良さが見直され、今期は前々期並の売上を確保できる見通し。

図表1-8 「事例19」d社のバランス・シートの推移

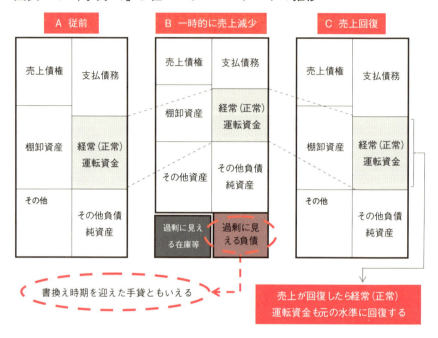

表1-8で「A→B→C」の一連の動きを示している。

このように、**売上の減少が一時的であり、合理的に売上回復が見込まれるならば**、売上回復の過程で運転資金を必要とすることから、決算時点のバランス・シートの結果に寄らずとも、**経常（正常）運転資金として継続し、当社の資金繰りを支援すべきであるという考え方**を、「事例19」は示している。

(1) 事例における事業性評価（理解）とは

「事例19」をさらに読み進めよう。

評価として、「e銀行は、d社から提出された直近の試算表や、今期の業績予想、資金繰り表、受注状況を示す注文書を確認・検証し、d社

図表 1-9 「事例 19」の評価

☺ e銀行は、d社から提出された直近の試算表や、今期の業績予想、資金繰り表、受注状況を示す注文書を確認・検証し、d社の製造現場や倉庫の状況及びホームセンターの販売状況を調査し、d社の製品に優位性が認められることが確認できた。

☺ 正常運転資金の算出については、債務者の業況や実態の的確な把握と、それに基づく今後の見通しや、足元の企業活動に伴うキャッシュフローの実態にも留意した検討が必要。

以上のことから、d社に前々期と同額の短期継続融資の書替えを実行しても、正常運転資金の範囲内として、貸出条件緩和債権には該当しないものと考えられます。

の製造現場や倉庫の状況およびホームセンターの販売状況を調査し、d社の製品の優位性が認められることが確認できた」とある（図表1-9参照）。

本件の評価のポイントは、①売上の減少がアジア製の廉価商品の輸入による**過剰反応**であること、②売上が従前の水準に回復する見込みであることを確認できる**資料を徴求**し検討を加え、d社の**商品の優位性を評価**していること、にある。

さらには、**資金繰り破綻がない**ことを確認（資金繰り表）したうえで、過剰に見える運転資金を、**経常（正常）運転資金として継続融資することで、前々期並みの売上回復に大きく貢献**することを**合理的に判断**している。d社と真正面から向き合い、地道に実態把握を行い、必要資料を徴求・検討した結果、相応の合理性をもって判断していることがよく分かる事例である。これらの「一連の検証と集めた情報の評価」こそが、「事業性評価の基本」であり目利きがなすべき仕事と言える。

まさに中小企業の事業性評価には、SWOT分析やビジネス俯瞰図等を駆使した、いわゆる事業性評価シートとは違う視点があることを示唆してくれる。

図表1-10　事業性評価シートの罠

```
┌─────────────────────────────────────────────────┐
│  定型の事業性評価シートを埋めれば企業が理解でき融資推進ができる？  │
│                        ▼                          │
│  ┌───────────────────────────────────────────┐  │
│  │  本来事業性評価というものは個々の企業の実態に合わせて行うものであ │  │
│  │ り、自己査定のように厳格な手順や基準を定めるものではない。例えば、取 │  │
│  │ 引先企業が100あれば100とおりの事業性評価があるはず。          │  │
│  │  情報収集のために事業性評価シート等を用意することは構わないが、定 │  │
│  │ 型フォームに取引先情報を記入し保存すれば済むという性格の取組みでは │  │
│  │ ない。事業性評価は、地域性や市場、企業規模、業種業態、競合状況など様々 │  │
│  │ な要素を加味して、個々の企業に対してオーダーメイドで取り組むべきも │  │
│  │ の。集めた情報をどのように評価するかが、事業性評価の肝となる。      │  │
│  │ ※出典…近代セールス2017年4月1日号                         │  │
│  │ 　　　現金融庁地域金融機関等モニタリング室長日下智晴氏へのインタビュー │  │
│  │ 　　　記事より転用（一部加工）                              │  │
│  └───────────────────────────────────────────┘  │
│                        ▼                          │
│  中小企業には中小企業の実情に添った事業性評価の着眼点がある！（第2  │
│  章で解説）                                          │
└─────────────────────────────────────────────────┘
```

　近代セールス（2017年4月1日号）のインタビューの中で、事業性評価の進め方について、金融庁の日下地域金融機関等モニタリング室長（現職）は「情報収集のために事業性評価シートなどを用意することは構わないが、定型フォームに取引先情報を記入し保存すれば済むという性格の取組みではない。集めた情報をどのように評価するかが、事業性評価の肝である」と答えている。取引先企業が100あれば100とおりの事業性評価があるというのだ。各金融機関が工夫して事業性評価シート等を作成するのは構わないが、それを埋めることで事業性が理解でき、融資増強につながるという風潮に警鐘をならしていると解釈すべきである。

3．信用保証付長期融資の事業性評価付短期継続融資へのシフト

　2016年10月に公開された金融行政方針で「日本版金融排除」という耳慣れない造語が使われた。金融庁は「十分な担保や保証のある先や信用力のある先以外に対する**金融機関の取組みが十分でないため、企業価値の向上などが実現できていない状況**」と定義している。つまり、「金融機関が、担保にこだわるあまり、将来性のある企業にお金を貸さない状況」を意味する。事実、地域には**「担保・保証がなくても事業に将来性がある先」**、あるいは**「足元の信用力は高くはないが地域になくてはならない先」**は多い。しかしながら、これらの中小企業に必要な資金が十分に回っていないという状況が生まれている。この意味で、担保よりも企業の将来性を重視すべきだという金融庁の考え方は正しい。

　一方、平成27事務年度金融行政方針の中で行われた長期条件変更先1,000社調査（実際には751社で終了）では、「担保・保証で十分貸出金がカバーされていることが仇になって、金融機関は最終的な回収が図れることから、債務者区分が要注意先以下になった途端に、**取引先に対する興味と関心を失い、隠れた金融排除の温床になっている**」という事実も露見した。

　本項では、2017年4月に「経営者保証に関するガイドラインの活用に係る参考事例集」に新たに追加された「事例13」（図表1-11）、および2017年3月沖縄で行われたシンポジウム※の基調講演のなかで語られた「信用保証付長期融資を事業性評価付短期継続融資へ切り替えることの重要性」をとりあげて、「短期継続融資への取組みの重要性」と「事業性評価の本質」について考察する。

　※金融仲介の質の向上に向けたシンポジウム in おきなわ（2017年3月13日）

図表 1-11　経営者保証に依存しない融資の一層の促進に関する事例

運転資金への短期融資に係る事例
事例 13. 短期継続融資について、経営者保証を求めなかった事例　　　（地域銀行）

1. 主債務者及び保証人の状況、事案の背景等
・当社は、射出成形のプラスチック成形を得意とするプラスチック製品製造業であり、主力商品であるフィギュアやプラモデルを中心に、大手玩具メーカーとの取引パイプを確立している。 ・当社は、前期、前々期と営業赤字が発生しており、直近期に黒字化したばかりであった。 ・当社の資金繰りについて、月商の3～4カ月分の経常運転資金が必要ななか、資金調達は商手割引、手形貸付のほか一部が長期運転資金となっており、約定弁済の負担が重く借換え対応が必要な状況となっていた。 ・今般、当行に対し、運転資金の申込みがあり、その際、「経営者保証に関するガイドライン」に基づく経営者保証に依存しない融資について説明したところ、可能であれば利用したいので、検討してほしいとの依頼があった。

2. 経営者保証に依存しない融資の具体的内容
・当社の約定弁済の負担を軽減したいというニーズを捉え、経常運転資金に対する短期継続融資を提案することを検討し、当社のビジネスモデルを踏まえて、売掛先別の回収サイトや棚卸資産の内容を十分に把握（事業性評価）するとともに、以下の点を勘案して、運転資金所要額から既存の商手割引額及び手形貸付金額を控除した残額に相当する額を、約定返済のない手形貸付にて無担保・無保証で対応することとした。 ①黒字化して間もない状況であるものの、業績は改善傾向にあり、直近期における総有利子負債額から短期継続融資額分を除いた後の利益償還するべき負債額に対して、十分に償還能力を有していること ②適時適切な情報開示がなされており、ビジネスモデルや売上債権、棚卸資産の内容の十分は把握が可能であり、定期的な面談や実査等によるモニタリングなどを通じて、取引先との緊密なリレーションを構築しており、事業性評価を継続的に実施することが可能なこと

(1) 経営者保証に関するガイドラインの活用事例集「事例13」

　本事例は、**適時適切な情報開示がなされていることを前提**にしている。その上で、「黒字化して間もない状況にあるものの、業績は改善傾向にあり、直近期における"総有利子負債額から短期継続融資額分を除いた後の利益償還するべき負債額"（図表1-12の右側「出来上がり」部分を参照。図表中、「不良化流動資産＋固定資産－公表自己資本」が該当する）に対して、

図表1-12 「事例13」の資金調達状況

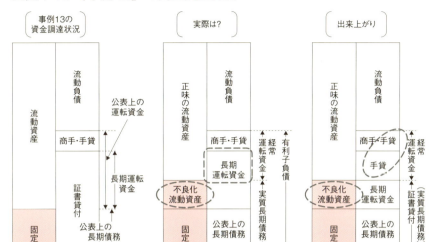

十分に償還能力を有している」という事業性評価（理解）に基づき、経常運転資金部分について無担保・無保証で融資を行った事例である。

事業性評価を行うには、取引先企業から、適時適切な情報が開示され、コミュニケーションが良好に保たれていることが前提である。言い換えると、リレーションシップバンキングを体現することで、取引先企業の変化（ビジネスモデルの変化・変遷、売上債権、棚卸資産、支払債務等の変化）を察知し、適時適切なソリューションの提供を行うことに本質がある。

事例の中に、「当社は十分な返済能力を持つ」とあるが、そのように結論付けるには、**①現状の経常運転資金と実質長期債務（不良化流動資産を含む）を正しく切り分ける、②特殊なもの（その期にしか発生しなかったような特殊な収入や支出）を除いた正味の収益力を把握する、③その収益力を将来的に安定して獲得できるかを判断する、以上３つの視点が必要である。**

「事例13」を読み進めよう。

「当社は3～4カ月分の経常運転資金を必要とする」と結論づけられている。そのためには、取引先企業の「仕入・回収条件、売上・仕入実績および計画」の把握が不可欠である。また、正味の収益力を把握するためには、営業外損益、特別損益の発生原因の調査、あるいは在庫調査等が必要となる。つまり、**「企業との日頃からのリレーションの構築と、そこから得られる財務情報の正しい認識」が、事業性評価の基本**になる。言い換えると、「公表決算書に隠された真の姿を把握し、好況・窮境にかかわらず、現状に至った理由を正しく把握」する必要がある。これができない者に、取引先の将来性を見極める事業性評価などできるはずがない。

さらに読み進めよう。

「事例13」では、「資金調達は商手割引、手形貸付のほか一部が長期運転資金となっており、約定弁済の負担が重く、借換え対応が必要な状況」にあると記載されている。これを図表1-12で説明すると、有利子負債のかなりの部分が長期運転資金となっており、経常運転資金の一部まで約定弁済付の証書貸付となっている。その結果、資金繰りを圧迫しているということである。

幸いにも、当社の情報開示は的確で、密接なリレーションが保たれていることから、不良化流動資産と、経常運転資金を正しく切り分けることができた。その結果、当社の資金調達状況は図表1-12の中央部分「実際は？」のとおり、経常運転資金に長期運転資金が食い込み、その約定弁済のために当社の資金繰りは厳しい状況にあることが分かる。

一方、「事例13」では、当社は、「黒字化して間もない状況であるものの、業績は改善傾向にあり、直近期における総有利子負債額から短期継続融資額分を除いた後の『利益償還するべき負債額』[※1]に対して、十

分に償還能力を有している」とある。言い換えると、「**実質長期債務**」※2 **を、「正味の収益力」**※3 **で十分に返済できる水準**にあることになる。

　※1　利益償還すべき負債額…実質長期債務
　※2　実質長期債務…不良化流動資産＋固定資産等－公表自己資本
　※3　正味の収益力…その期にしか発生しないような収入や支出を除いた正味のキャッシュフロー

　図表1-12右側「出来上がり」にあるように、経常運転資金にあたる長期運転資金を短期継続の手貸に切り替えたと事例では言っている。しかも該当部分は無担保・無保証で対応したとのこと。日頃のリレーションをもとに、取引先企業の財務実態を把握する過程を通じ事業性を評価（理解）し、課題解決型の取組みにつなげた、優れた取組みと言える。

　言い換えると、本業支援の肝とも言える「資金繰りの安定」、事業承継の隘路となる「経営者保証」の軽減につながる「無担保・無保証への取組み」が行われている。

(2) シフトの重要性

　2017年3月に沖縄で行われたシンポジウムの基調講演で金融庁の日下地域金融機関等モニタリング室長（現職）が、「**信用保証付長期融資を事業性評価付短期継続融資へ切り替えることの重要性**」について訴えた。その折の添付資料の1つを図表1-13として示した。そこに隠された指摘は、次のとおりである。

　図表1-12右側「出来上がり」のように、不良化流動資産を切り分けた後の経常運転資金は、資産価値のある流動資産で裏付けされており、**金融機関から見れば安全な融資であることから、本来、担保も保証も必要がない**といえる。しかしながら、融資の現場では、同図表中央「実際は？」で示したとおり、経常運転資金にまで長期運転資金として、信用

図表 1-13　金融仲介の質の向上

○企業の経営課題の共有を図るとともに、金融仲介によって強固な信頼関係を構築する

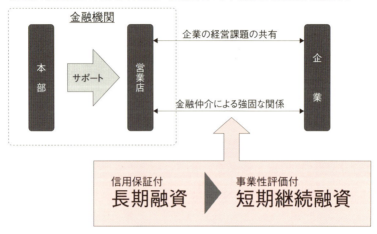

保証付きの長期貸出になっている場合が多い。

この状況を言い換えると、**過剰な約定弁済で資金繰りが圧迫**されるうえに、仮に取引先企業が要注意先以下の窮境状況に陥った場合、本来金融機関が積極的に踏み込みコンサルティング機能を発揮すべきにも関わらず、**信用保証等により担保されていることから、その後、金融機関は関心を示さず放置する**結果をもたらす状況といえる。つまり、「足元の信用力は高くはないが地域になくてはならない先」等に対し、金融排除を生じさせる結果になる可能性があるということだ。

①不良化流動資産に当たっている長期融資を短期継続融資？

「事例13」では、「黒字化して間もない状況であるものの、業績は改善傾向にあり、直近期における総有利子負債額から短期継続融資額分を除いた後の利益償還するべき負債額に対して、十分に償還能力を有している」とある。言い換えると、債務者区分は正常先もしくは正常先に近

い要注意先ということになる。

　一方、依然として当社が赤字から抜け出せていない場合であっても、**不良化流動資産に当たっている長期融資を短期継続融資で考えることもあり得る**。しかし、その前提には、事業計画の実現可能性の十分な検証が必要であることは言うまでもない。

②依然赤字の場合の担保・保証に対する考え方

　「事例13」では、①黒字化していること、②実質長期債務に対する債務償還能力の確認が取れていること、に注目する必要がある。**金融当局は闇雲に「短期継続融資を推進しろ」とか「担保・保証を取るな」と言っているわけではない**。リスクを正しく把握し、顧客目線で可能な限り、リスクテイクする業務運営が求められている。

　なお、上記①・②いずれにしろ、短期継続融資を進めていくには、取引先企業の財務実態を入口に深堀りする事業性評価（理解）は欠かせない。

4．いわゆる「事業性評価シート」等の罠と地域金融機関への期待

(1) 罠

　金融庁の日下地域金融機関等モニタリング室長は「本来、事業性評価というものは個々の企業の実態に合わせて行うものであり、自己査定のように厳格な手順や基準を定めるものではない。情報収集のために事業性評価シート等を用意するのは構わないが、定型フォームに取引先情報を記入し保存すれば済むという性格の取組みではない」と述べている（近代セールス2017年4月1日号）。**取引先企業が100社あれば100とお**

りの事業性評価があると言うのだ。

　一方、定型化された「事業性評価シート」等を作成し、営業店に稟議書に貼付することを求める金融機関は多い。全稟議に貼付を義務付けた金融機関もある。しかし、これでは、**現場はたまらない**。「労務管理の強化」「情報漏えいに対する情報管理の強化」「業務の多様化による自己啓発」等で現場は忙しくしており、現場職員の負担感を増幅するだけである。

　結果的に、それらしく作成された「事業性評価シート」等を、それらしく加工し、お茶を濁す取組みにならざるをえない。結局、職員のモラルは低下し、「事業性評価に基づく融資」、どころか、**「事業性を無視した危険な融資」を積み上げる結果**になりかねないことを肝に銘じるべきである。

(2) 期待

　「リスクを100％は取り切れていないので、真摯に受け止めるべきところはある。ただ、担保がなければ貸せないケースもあるし、**一律に押しつけられれば、将来的に危うい部分が出てくる**」という声を、地域金融機関の関係者から、未だによく聞く。しかし、**金融庁は決して一律に「短期継続融資の推進」「経営者保証ガイドラインの適用」「保証協会付長期融資の見直し」を迫っているわけではない。**

　金融庁の森長官の言葉を借りると、「過剰なリスクを取って貸出を増やしてほしいわけではないが、今後は人口減少などによって、『安定した企業への貸出ばかりに依存する』狭いストライクゾーンだけで勝負できる時代ではなくなる。その外側で金融機関には工夫してもらいたいし、金融機関としての基本である目利き力を高めることは、かえってリスク管理の強化にもつながる」ということになる。

2016年9月公開の「金融レポート」によれば、「顧客サービス利益（コア業務純益から有価証券利益を除いたもの）の利益率を試算すると、2025年3月期では6割を超える地方銀行がマイナスになる」と分析されている。金融庁は、各地域金融機関が生き残りをかけて、「真の顧客本位の業務運営（フィデューシャリーデューティー※）」の実現に取り組むことを求めている。

※直訳すると「受託者の忠実義務」であり金融商品販売等にかかわる用語であるが、「顧客本位の業務運営」は預貸業務にも求められる。よってここでは融資業務まで含む金融機関の業務全般にわたって必要な概念として取り扱った。

第2章

事例に学ぶ中小企業の事業性評価（理解）

第1節　地方創生における地域金融機関の関わり方

1．地方創生を3層2軸で考える

　昨今、定型化された「事業性評価シート」等を作成し、営業店に稟議書に貼付することを求める金融機関は多い。全稟議に貼付を義務付けた金融機関もある。その多くが「SWOT分析表」と「ビジネス俯瞰図」の作成を求める形式になっている。しかし地域一番手銀行であっても、**事業性を理解するにあたって「SWOT分析表」「ビジネス俯瞰図」の作成をしなければ事業を理解できないような取引先企業は意外に少ない**。

　筆者は「SWOT分析」や「ビジネス俯瞰図」の有効性を否定しているわけではない。中にはこれらを必要とする企業は当然存在する。

　地方創生を考える場合、**主として地方自治体が取り組むべき分野、地域一番手銀行に求められる分野、地域に根差した地域金融機関として取り組むべき分野の3層に分けて考える**ことができる。また、言うまでもなく、地方創生の面で、地方自治体に必要な戦略と政策は、**「成長戦略」と「産業政策」の2軸**である。

　地域を成長させていくためには、成長産業の把握と支援は必須である。一方、衰退に向かう地場産業であっても手をこまねいて見ているわけにはいかない。雇用を守るという視点での取組みを求められている。別の表現をすると、産業転換の可能性を含め、継続的な支援が必要となるということだ。また、その担い手は幅広く当該産業と取引のある地域一番手銀行であることは異論がない。

図表2-1　3層2軸で考える

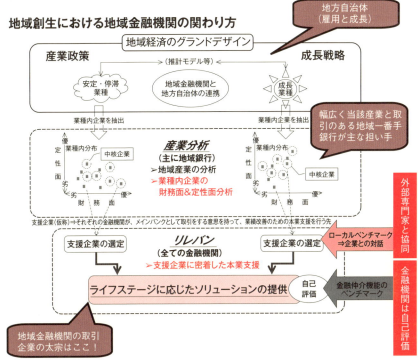

出所：2017.6.16日下金融庁地域金融機関等モニタリング室長(現職)講演資料より一部加工

　この分野では、当該産業の将来性等を詳細に分析し、個別企業のSWOT分析等を加え、**地域最適を模索する動き**が必要となる。当然理解を深めるために、複雑なビジネスモデルをビジネス俯瞰図として整理する必要も出てくる。

　一方、地域一番手銀行と言えども、一部の法人店舗を除き、取引の太宗は中小零細企業である。地域金融機関である限り、大きな差はない。「**向かい合い、語り合い、観察する（MKK）**」**というリレーションシップバンキングが基本**である。

SWOT分析表の作成やビジネス俯瞰図の作成には、ある程度知識と熟練を必要とする。しかし、マンパワーの面から営業店での対応は簡単ではない。本部での組織的対応と営業店支援が必要となる。言い換えると、一般の営業店では、「SWOT分析表」や「ビジネス俯瞰図」を求める事業性評価シートとは、違った視点があるということだ。

2．現場の実情

(1) 現場の取引先は中小零細企業が大半

　2015年7月の「金融モニタリングレポート」に顕彰事例として、広島銀行の事業性評価についての取組みが紹介された。これは、「取引先の事業性評価の必要性を営業現場が認識し、そのための事業性評価の手法を自ら開発した事例」として評価されたものである。続いて2016年4月の「金融財政事情」で同行の簡易な事業性評価シートが取り上げられると、多くの地域金融機関で、独自に定型的な事業性評価シートを作成する動きが始まった。

　しかし、**事業性評価（理解）への取組みは自己査定のように厳格な手順や基準を定めるものではない**。①企業と向き合う、②観察する、③会話する、というリレーションシップの中で得られた情報を評価することに本質がある。定型フォームに取引先情報を記入し保存すればよいという性格の取組みではないことを肝に銘じるべきである。

　営業店の現状と中小企業の実情を振り返ってみよう。地域金融機関では中小零細な企業が多く、一般の営業店ではそれこそ中小零細な中小企業が取引の中心を占めることはすでに述べた。

(2) 今風の工夫を考えるべき

　過去と違い現在では、金融機関職員も経営者も、きわめてタイトに忙しくしている。金融機関職員は業務の多様化、労務管理の強化、目標管理の厳しさに加え、検定試験や資格試験の合格が昇格要件として加えられる時代である。一方、企業経営も、人口減少社会の影響等もあり、能力の高い経営者が一所懸命に努力してようやく経営が保てる状況にある。

　言い換えると、過去のように「うちのポチに子犬が産まれたんだよ。もらってくれるところを探してくれないか？」から始まり、「実はうちに適齢期の一人娘がいるんだが、良い婿はいないかな？　後継者が必要なんだよ」などと、世話ばなしから始め、時間をかけてリレーションと信頼関係を築きあげる余裕はない。時間をかける余裕がないのであるなら、**今風の工夫を考える必要がある**ということだ。

(3) 数字や表面には表れない企業の特徴を見極める

　中小企業と一言で言っても、家内営業的な小規模零細企業から中堅企業まで幅広い。当然、中にはビジネス俯瞰図を描き、複雑に絡み合った事業を整理し、把握することが必要な企業はある。また、SWOT分析やPPM分析等の手法を用いて、事業性を検討する必要のある企業もある。

　一方、取引先には、「特に優れた技術があるわけではない。競合する競争相手と比較しても、特に優れた商品を販売しているわけではない。しかし、他社は消えていくのに、当社は不思議と生き残っている…」という中小企業は、実に多い。筆者はこれを**「不思議な中小企業」と呼ぶが、生き残っている以上、なにがしかの理由が必ずある**はずである。

　また、中小企業の経営者の多くは、必ずしも、事業の成長と発展を望

んでいるわけではない。**「安定した経営の継続と、円満な事業承継こそが望み」**というケースは意外と多い。このような中小企業は、いわゆる「定型化された事業性評価シート」等で評価（理解）することは所詮困難である。

　財務の実態把握と並んで事業性評価（理解）で重要となるのは、「不思議な中小企業」を不思議で終わらせることなく、数字や表面には表れない当社の特徴を見極めることである。経営者も気が付いていない「良いところ」を見つけ出し、共通認識する。そして、その資源をもって、成長あるいは安定的に事業を継続するお手伝いをする。場合によっては事業承継に踏み込むという視点が必要である。そのためには、①取引先企業と向き合う、②語り合う、③観察する（MKK）ことが基本であり、**定型化したシートを形式的に埋めることが目的ではないことを肝に銘じるべき**だ。

　既に述べたとおり、筆者は、**「ビジネス俯瞰図」や「SWOT分析表」の作成を否定しているわけではない**。本章では、営業店に求められる事業性評価の実務という視点から、事例を選定した。第2節では「知ってナットク！　事例集」からいくつか事例を採り上げ、中小零細企業に対する事業性評価（理解）の実務について考える。

第2章 事例に学ぶ中小企業の事業性評価（理解）

第2節　知ってナットク！
　　　　事例集から学ぶ事業性評価（理解）

　第1章第3節で、「短期継続融資と事業性評価（理解）」について記述した。その中で、「知ってナットク！ 事例集」の「事例19」を採り上げ、中小零細企業には、「SWOT分析」「ビジネス俯瞰図」に代表される、いわゆる事業性評価シートを通して行われる事業性評価（理解）とは別の視点があることを指摘した。

　本節では、改めて「知ってナットク！ 事例集」に焦点を当て、収録されている事例をいくつか用いて、営業店担当者に必要な事業性評価（理解）のための視点を考えてみる。なお、「事例19」については第1章と重複する部分があるが、本章でも改めて採り上げる。

1．知ってナットク！ 事例集とは？

　1999年に金融検査マニュアルが公表された後、**機械的な査定による「貸し剥がし」が横行した反省から、事業者側にも金融検査の知識を身に付けてもらうべく作成されたものが、「知ってナットク！ 事例集」**である（図表2-2参照）。中小企業には「中小企業の実情にそった見方」があるとして、本来「貸し剥がし」防止のために作成されたものながら、よく読むと、中小零細企業の事業性を理解するヒントとなる着眼点が実によく整理されている。いわば、**中小零細企業を取引の太宗とする地域金融機関の職員にとってバイブルとも言える優れもの**である。

　しかし、残念なことに、多くの金融機関で、その存在すら知られていないというのが現実である。

図表 2-2　知ってナットク！ 事例集の表紙

　本事例集を読み込むと、中小企業の事業性評価（理解）には、「SWOT分析」「ビジネス俯瞰図」を作成する手法が必ずしも適切でないことが理解できる。

　中小企業者の中には、成長を目指すのではなく、安定した経営と事業の継続（承継）を願う先が意外と多い。ビジネスモデルもさほど複雑ではない。言い換えると、定型的に「SWOT分析」や「ビジネス俯瞰図」の作成を求めるものとは違う、別の視点があるということだ。**シートを活用するのは構わないが、一律の運用では返って混乱を招く**ことになる。

　金融財政事情（2016年4月25日号）に広島銀行の事業性評価に係る取組みが紹介されたことから、地域金融機関では、それぞれ工夫し、いわゆる「事業性評価シート」が作成され、運用が開始されている。その多くが「SWOT分析」ならびに「ビジネス俯瞰図」を柱としている。中には、このように定型化された、いわゆる「事業性評価シート」を全稟議に貼付することを求める金融機関もある。

しかし、これでは、現場はたまらない。**「労務管理の強化」「情報漏えいに対する情報管理の強化」「業務の多様化による自己啓発」等で現場は忙しくしており、現場職員の負担感を増幅**するだけである。結果的に、それらしく作成された「事業性評価シート」等を、それらしく加工し、お茶を濁す取組みにならざるを得ない。職員のモラルは低下し、「事業性評価に基づく融資」、どころか、「事業性を無視した危険な融資」を積み上げる結果になりかねないことを肝に銘じる必要がある。

近代セールス（2017年4月1日号）にて、金融庁の日下地域金融機関等モニタリング室長（現職）は「本来、事業性評価というものは個々の企業の実態に合わせて行うものであり、自己査定のように厳格な手順や基準を定めるものではない。情報収集のために事業性評価シート等を用意するのは構わないが、定型フォームに取引先情報を記入し保存すれば済むという性格の取組みではない。取引先企業が100社あれば100とおりの事業性評価がある」と述べている。このコメントは、まさに上記の点に**警鐘を鳴らした**と受け止めるべきである。

「知ってナットク！事例集」に収録された事例は（図表2-3、2-4）のとおりである。細かく見ると「ラーメン屋」「飲食店」「水産加工業者」「土木建設業」「建設業」等々、幅広く、いずれをとっても地域金融機関の一般の営業店であれば、どこにでもある業種が取り上げられている。この中の多くで、「SWOT分析」「ビジネス俯瞰図」が必要ないことは明らかである。

以下では、まず、中小零細企業には「SWOT分析」や「ビジネス俯瞰図」とは違った視点があることを示す好事例として、「事例9」と「事例12」のトラック運送業を取り上げる。続いて事例の中から、いくつか（図表2-4の※部分）取り出し、**中小企業の事業性評価（理解）の肝と、一般の営業店が持つべき視点を解説**する。

図表2-3　知ってナットク！事例集　掲載業種別索引

```
小売業……………………事例1、事例19、事例22
食料品小売業…………事例4、事例8、事例21
製造業……………………事例5、事例6、事例7、事例20
食料品製造業…………事例24
運送業……………………事例9、事例12
宿泊業……………………事例10、事例14、事例23
飲食業……………………事例11、事例13
不動産業…………………事例3、事例17
建設業……………………事例15、事例16、事例18
広告制作業………………事例2
```

図表2-4　知ってナットク！事例集　掲載事例一覧

```
　事例1　　家電販売業者
　事例2　　広告代理店
　事例3　　不動産業
　事例4　　パン製造業
※事例5　　金型製造業
※事例6　　繊維会社
※事例7　　タオル製造業
※事例8　　漬物店
※事例9　　トラック運送業者
※事例10　 温泉旅館
　事例11　 ラーメン屋
※事例12　 トラック運送業者
　事例13　 飲食店
　事例14　 ロッジ経営
※事例15　 土木建設業
　事例16　 土木建設業
　事例17　 賃貸ビル所有個人事業者
※事例18　 建設業
※事例19　 組立て式家具の製造・卸売業
　事例20　 製本個人事業者
　事例21　 老舗和菓子製造業
　事例22　 老舗靴小売店
　事例23　 ホテル業
　事例24　 水産加工業者
```

※を付したのは本書で紹介する事例

なお、くどいが、筆者はSWOT分析やビジネス俯瞰図を否定しているわけではない。

　例えば地域を支える産業や裾野の広い産業では、産業全体を俯瞰して、競争力の強化や雇用の確保等の観点から、幅広く検討することが必要となる。その場合、適切なソリューションを提供するためには、産業分析に加えて、個別企業のSWOT分析やビジネス俯瞰図から検討する必要がある。こうした分野は幅広く地域の企業と取引のある地域一番手銀行が主な担い手となる。

　一方、地域一番手銀行とはいえ、多くの支店では、取引の太宗を占めるのは「知ってナットク！　事例集」に取り上げられるような中小零細企業である。地方創生には、こうした中小零細企業への視点も合わせて重要であるということを、改めて認識する必要がある。**「トヨタ」や「ナショナル」が最初から大企業であったわけではない。**

2．事例別にみる事業性評価（理解）のポイント

（1）トラック運送業者「事例9・12」

事例：トラック運送業者N社（借入残高8百万円）
概況：県内を事業区域とし、地場産業の製品配送が売上の大部分を占める家族経営のトラック運送業者で、代表者（55歳）、及び長男（30歳）が従事している。

☹ 昨年より、代表者の健康状態が思わしくなく、業務に携わる時間が限られたため、ピーク時に比べ大幅な減収・減益となっている。
☺ 返済は半年前より1～2カ月分滞りがちになっている。事務所・車庫兼自宅の他に見るべき資産はない。
☺ 丁寧な仕事ぶりが買われ、一定の売上、利益を確保してきた。
☺ 代表者の業務復帰への意思は強く、健康状態も回復に向かっている。また、代表者の長男も後継者として事業に励み、業況改善に努めたいとしている。

☹ N社の業況が未だ不安定で、返済にも延滞が生じている。
☺ 代表者の業務復帰への強い意欲がある。
☺ 長男も当該事業に従事し、後継の意思もある。

　以上のことから、経営破綻に陥る可能性は高くない貸出先と評価されます（問題ないとまではいえず、注意は必要です）。

事例：トラック運送業者S社（借入残高3億3千万円）
概況：地元を事業区域としており、事業区域の拡大、営業所の設置等の業容拡大に努めてきた。
☹ 景気低迷による貨物輸送量の減少、また、参入基準、運賃規制等の規制緩和による競争の激化等で売上は減少傾向、利益率も低下。
☹ 積極的に行ってきた設備投資の金利負担が重くなり、3期連続で赤字を計上。実質債務超過に陥っている。
☺ T銀行は、S社の今後の輸送販路の拡大等売上増加に向けての更なる営業努力、個人資産売却による経費抑制等に向けての方針、事業計画について検討し、3年間元本返済を猶予すれば、その後の返済も可能と判断し、3年前から元本返済猶予の条件変更を行っている。
☺ 今期の決算見込では、売上は微増ながら、経費抑制の効果もあり赤字幅は縮小する見通し。来期には黒字を計上し、返済も見込まれる。

☹ S社は3期連続赤字を計上し、実質債務超過である。
☺ 元本返済猶予の条件変更を行ったことにより、今後も返済が可能である。
☺ 経営改善に向けた取組みが進んでおり、今後も経営改善が見込まれる。

以上のことから、経営破綻に陥る可能性は高くない貸出先と評価されます（問題ないとまではいえず、注意は必要です）。

なお、本事例は、条件変更を行っていますが、経営改善の進捗状況が概ね良好であるため、不良債権にはなりません（リーフレット『中小企業の皆様へ』参照）。

① 「事例9」「事例12」の違い

「事例9」は、中年の夫婦と長男が営む家内営業のトラック運送業者で、**2トン車2台（良くて2トン車と4トン車の2台）で狭い地域で営む零細業者**と言える。一方「事例12」は、借入残高3億3千万円とあるように、

10トン車を十数台保有し、隣接県に止まらず、少し幅広く活躍しているトラック運送業者である。

　両業者ともに一般的に業界を捉える場合、「トラック運送業」として捉えられることが多い。

　トラック運送業として事業性評価を試みる場合、多くは「事例12」にあるように、「景気低迷による貨物輸送量の減少、また参入基準、運賃規制等の規制緩和による競争激化」をSWOT分析の要素として採り上げ、事業性の有無を論じることになりがちである。確かに、営業エリアが隣接県に止まらず、**幅広い地域で活躍している「事例12」のトラック運送業者には、「景気低迷による貨物輸送量の減少、また参入基準、運賃規制等の規制緩和の影響」は死活問題**といえる。

　しかし、「事例9」のような家内営業的な小規模零細事業者に対し、前述のような業界であるにも関わらず安定して営業できる秘訣を問い合わせても、おそらく、「確かに業界はそういった動きの中で苦しんでいるようだ。**当社は当たり前のことを当たり前にやっているだけだが？」という答え**しか返ってこないであろう。

②「事例9」の企業の事業性評価のポイント

　そこで、当社へ発注してくれる取引先の社長に聞いてみる。すると、次のような答えが返ってくるのが中小企業である。

　「うちが創業して以来30年間取引しているが、過去一度も荷受けに遅れたことがない。配送先からもクレームが来たことはない。時折当社の製品を積み込むところを見かけるが、いつも自分の子供を抱えるように丁寧に扱ってくれている。息子さんも社長同様に丁寧な仕事ぶりだ。私から見るとこれほど安心な運送業者はいない。他の業者が営業に来ることがあるが、少々廉価な価格を提示されても、替えるつもりはないよ」。

実は、**当社の事業性は、丁寧な仕事振りと、後継者の評価**にある。いわゆるSWOT分析等であぶりだされるものとは違うところにあることを理解できる。

 「知ってナットク！事例集」は、そもそも債務者区分の検討を意識した事例設定となっているため、「事例9」では社長の病気等の要素が加えられている。本要素を加え、「事例9」のトラック運送業者の「評価すべき事業性」とは、次のようになる。

イ．経営者が病気をするまでの実績を検証
 当社との取引を通じ、過去の財務と収益実態を正しく把握していることが前提となる。
ロ．経営者の健康回復見込みについて把握
 経営に影響を与えるような経営者の病気は、本来、機微情報であり、回復見込みについては、親密なリレーションの確立があって初めて確証を持てる。
ハ．後継者問題
 経営者の健康は回復基調とはいえ、再発がないとは言い切れない。その弱点を後継者の資質と意欲を評価することで補っている。

 まとめると、**当社の弱点（経営者の病気、大幅な減収減益、延滞状況の返済）を的確に把握し、リレーションシップバンキングを実践する中で得られる情報（病気の回復状況、後継者の資質、取引先からの評判等）を根拠に、当社の事業性が失われたわけではないと結論**した事例である。
 なお、事業性評価（理解）にしろ、与信判断にしろ、その結論に至った根拠を明確に示すという姿勢が重要であることは言うまでもない。

（2）金型製造業者「事例5」

事例：金型製造業者H社（借入残高1億円）
概況：代表者以下5名で家電メーカー向けのプラスチック用金型を受注生産している金型製造業者。
☹ 景気低迷による需要の低下等から受注が激減、売上減少に歯止めがかからず、毎期赤字が続き債務超過に陥っている。
☹ 設備投資資金について、条件変更による元本返済猶予がなされている。
☺ 代表者及び従業員4名のうち2名は、業界でも評判の腕前を持つ金型職人であり、今後も家電メーカーからの受注がある程度確実に見込まれる。

☹ H社は連続して赤字を計上し、債務超過に陥っている。
☺ 債務者の持つ高い技術力によって、今後もメーカー等からの受注が確実に見込まれる。

以上のことから、今後の業績改善が具体的に予想できるのであれば、これらを考慮して、経営破綻に陥る可能性は高くない貸出先と評価されます（問題ないとまではいえず、注意は必要です）。
なお、本事例は、条件変更を行っていますが、具体的な業績改善が見込まれるため、不良債権にはなりません（リーフレット「中小企業の皆様へ」参照）。

当社はプラスチック用金型を受注生産する小規模の金型製造業者である。景気低迷による需要の低下等から受注の激減、売上減少に歯止めがかからず、毎期赤字が続き債務超過に陥っている。**赤字債務超過の状況から表面的には事業性をすでに失っている**ように見える。

これに対し、**当社に対する事業性評価は「代表者及び従業員4名のうち2名は、業界でも評判の腕前を持つ金型職人であり、今まで取得した特許権及び実用新案権があることなどから、今後家電メーカーからの受注がある程度確実に見込まれる」**というものである。

企業の技術力、販売力や成長性については企業の成長発展性を勘案するうえで重要な要素であり、中小・零細企業等であっても、技術力、販売力や成長性の今後の収益性への影響度について検討する必要がある。また、「事業の継続性」「事業好転の見通し」については「経営改善計画書」等を適時整備して、具体的な営業活動等の改善策や経営改善計画の妥当性を検証することが求められる。

　当社の場合、家電メーカーとの取引は一定額見込むことができるとしても、**現状で利益を失っていることから、今後の業績改善が具体的に予想できる**ことが重要となる。例えば、家電メーカーの今後の生産計画等を確認し、家電メーカーの生産計画に基づき受注増が見込める等の裏付け資料の収集やヒアリング調査が必要となる。また、家電メーカーとの安定した取引を見込むためには、腕前を持つ金型職人の年齢や健康あるいは彼らの当社に対する帰属意識等にも目を配る必要がある。保有特許権や実用新案権が家電メーカーにとって今後も必要なものか…といった裏付け調査も必要となる。

　このような視点で、取引先企業を捉え、必要な調査ができる者が目利きであり、集められた情報を総合評価するのが事業性評価である。この結果、赤字かつ債務超過で一見事業性を失っているように見えるが、実は十分に事業性が認められる企業であることが分かったという事例である。

本事例のポイント
1．技術力、販売力、成長力を勘案
　①家電メーカーの生産計画の確認と当社の関わり方
　　⇒家電メーカーの生産計画に基づき受注増が見込まれるという裏付け資料の徴求やヒアリング調査

⇒保有特許の有効性の検討（陳腐化した特許では役に立たない。また、家電メーカーの今後の事業展開に当社の特許が必要なければ強みにはならない）
　②当社の強みと思われる金型職人への目配り
　　⇒年齢、健康状態、帰属意識、技術の伝承、引き抜き対策
２．当社への実のある訪問記録の整備
　・形式的ではなく、当社の事業と財務実態等に対する関心に基づく、実のある訪問記録

（3）繊維会社「事例6」

事例：繊維会社I社（借入残高2億5千万円）
概況：地元に本社を置く特殊な技術を有する繊維会社
- ☺ I社は特殊な編物技術を有している。
- ☹ 中国からの安易な繊維商品の大量輸入により、近年、赤字の状況が続き、債務超過となっている。
- ☺ 特殊な技術の繊維以外への商品の応用についても、地元の大手製紙会社との間で、共同で研究開発を行うなど、技術力は高く評価されており、2年後に製品の製造も可能と業界誌にも紹介されている。
- ☺ J信用金庫は、商品化が見込まれるとの判断のもと、継続的にI社を支援する方針。
- ☺ J信用金庫は、継続的な企業訪問や経営相談を通じて、頻繁にI社と接触しており、I社の技術力についての評価・分析を行っている。

- ☹ I社は業況不振により連続して赤字を計上し、債務超過に陥っている。
- ☺ I社の技術力についてJ信用金庫は十分把握しており、商品化後には収益改善が十分見込まれる。

　以上のことから、経営破綻に陥る可能性が高くない貸出先と評価されます（問題ないとまではいえず、注意は必要です）。

当社は地方都市に本社を置く特殊な技術を有する繊維会社である。中国からの安価な繊維商品の大量輸入により、当業界は長年苦しみ、当社もこの影響から連続赤字で債務超過に陥っている。

当社の事業性評価の根拠は、**イ．特殊な編み物技術、ロ．特殊な技術の繊維以外の商品への応用についての取組み、ハ．地元の大手製紙会社と共同で研究開発を進め行うほどの技術力、ニ．繊維品以外への応用については２年後には製品化が可能という業界誌（信頼のおける第三者）の評価**、である。

ここでまず重要なのが、技術力の評価である。特許権があっても、代替技術が開発され、すでに陳腐化しているかもしれない。取引金融機関は、継続的な企業訪問や経営相談を通じて、頻繁に当社と接触し、継続的に当社の技術力の評価・分析を行っていることから、**特許の数等の表面的な指標に踊らされることなく適正な判断が可能**となる。

当社の事業性評価（理解）をするために**営業店がなすべき動き**は、イ．当社の技術力を説明するに値する資料の収集、ロ．当社との密接な接触を示す訪問記録（形式的な記録ではなく内容の伴うものである必要がある）、である。

当社の技術力を説明するエビデンスとしては、業界誌に掲載された評価記事の写しが必要であろう。経営者は、事業に必要な記事あるいは自社を紹介した記事等は必ずスクラップしているものだ。当社の場合、共同開発を進める上で当社と大手繊維会社の間で技術開発に係る覚書等が結ばれていれば、その写しも有力なエビデンスとなる。もちろん、**外部に漏れるとまずい部分は黒塗り**されていても構わない。

一方、当社との密接な接触を示す**訪問記録については、日頃からのリレーションが十分に伝わってくる内容の伴うもの**である必要がある。具体的には、新商品開発に係る進捗状況の話題、技術開発上の課題につい

てのさりげない発言の記録等が、事業性を評価するうえでの重要な判断材料となる。

> **本事例のポイント**
> 1．技術力、販売力、成長力を勘案
>   ①特殊な編み物技術を持つと確認できる資料
>   ②大手製紙会社との共同開発に取り組んでいることを確認できる資料
>   ⇒特許を持つというだけでは弱い。共同開発に取り組んでいることを確認できる資料が手に入れば強力な技術力を主張する裏付けになる
>   ③繊維品以外への応用について、製品化の見通しを確認できる資料
> 2．当社への実のある訪問記録の整備
>   ・形式的ではなく、当社の事業と財務実態に関心に基づく、実のある訪問記録が必要となる

（4）タオル製造卸売業「事例7」

事例：タオル製造販売業者K社（借入残高2億6千万円）
概況：地元有名デパートから小売店に至るまで主にタオル製品の製造・卸をしている。
☹　海外からの安価な製品の流入などによる取引先からの納入単価切下げ要請に耐え切れず、このため、売上高は大幅に減少。3期連続赤字を計上し、前々期より債務超過に転落している。
☺　返済条件の緩和から延滞は発生していない。
☹　K社は、人員削減などによるコストダウンに努めているものの、主力商品の売上減少の影響が大きく、その効果はなかなか現れていない。
☺　前期末に開発した試作商品が関係者間で好評であったことから、従来の販売ルートに向けて拡販の準備をしている。

評価
- ☹ K社の業況は非常に厳しい状況にある。
- ☺ 新製品による今後の収益改善が期待できる。

以上のことから、経営破綻に陥る可能性は高くない貸出先と評価されます（問題ないとまではいえず、注意は必要です）。
なお、本事例は、条件変更を行っていますが、具体的な業績改善が見込まれるため、不良債権にはなりません（リーフレット「中小企業の皆様へ」参照）。

　当社は、地元有名デパートから小売店に至るまで主にタオル製品の製造卸をしている「タオル製造卸売業」である。この業界は、海外からの安価な製品の流入等により、長く苦しめられてきた。当社も取引先からの納入単価切り下げ要求に耐えられず、売上高は減少し、**3期連続赤字を計上した結果、前々期より債務超過に転落した状況**にある。さらに、当社は、人員削減などによるコストダウンに努めているが、主力商品の売上減少が大きく、その**効果が表れていない等、経営状況は厳しい**。

　一方で、前期末に開発した試作品が関係者間で好評であり、従来の販売ルートに向けて拡販の準備を行っている状況にある。

　まず、当社の事業性評価のためには、すでに赤字かつ債務超過となっていることから、**資金繰り破綻の可能性が低いという見極めが重要**である。この点は事例に、「返済条件の緩和から延滞は発生していない」とあるように、かろうじてキャッシュフローが確保されており、ごく短期の事業継続性は残っていると考えることができる。

　次に必要なのは、**試作品の商品性の検討**である。社長にヒアリングしただけでは不十分である。希望的観測を述べている場合もあろう。社長からヒアリングした内容を、検証し判断する過程が必要となる。例えば、試作品に対する評価を確認できるエビデンスの入手等による裏付け調査である。

事例には「試作品が関係者間で好評」とある。当然、当社は関係者に試作品を配り**アンケート調査を行っている**であろう。**そのエビデンスの入手が重要なポイント**となる。仮にアンケートという形でまとめていなくとも、得意先担当が取引先に訪問した折の訪問記録に、関係者の感想を記録しているはずである。その記録のコピーを頂き、エビデンスとするなどの工夫が必要となる。もし、信頼できる第三者評価（業界誌）等の記事があれば、当然会社ではスクラップしているばずである。これも有力なエビデンスとなる。

試作品に対する商品性等についての社長との面談記録もエビデンスとなり得る。場合によっては、営業担当者に直接ヒアリングし、その反応を確認しておくのも重要である。仮に、すでに拡販活動が始まっているのであれば、製品商品別の受注残高月別推移の資料提供を求めるのも有効である。

以上の着眼点を持って、情報を収集し、判断できる者が目利きであり、当社に対する事業性評価（理解）につながる。なお、当社の場合、人員削減などコストダウンにたゆまぬ努力が行われている。**経営者の経営改善に対する取組みも重要な評価のポイント**になる。

蛇足ながら、**資金繰りについては、経営者から必要な情報を引き出し、金融機関職員自らが、作成・検討する能力が必要**である。資金繰りの実態を把握するということは、当社の事業の実態の把握につながる。一般の営業店の取引先の多くは、中小零細規模である。資金繰りは頭の中にあっても、資金繰り表として作成した経験がないという経営者が多い。

信用保証協会が求める**「前月繰越金～次月繰越金」までの資金繰り表では不十分**である。月別売上・仕入計画、受取条件・回収条件の確認が必要である。また取引量の多い仕入先（販売先）については個別にこれらを把握する必要がある。大企業と違い中小企業は力関係が弱いため、

取引先の都合に合わせて取引条件が決まることが多いという事情がある。取引条件の違う取引先のシェアが変わるだけで資金繰りは大きく変わる。こういった変化をとらえることで、当社の事業性の有無を見極めるヒントになることは多い。

　資金繰り表の作り方については、拙著「ベテラン融資マンの知恵袋」第6章『資金繰表』を参照いただきたい。なお、受注型産業の場合は、受注工事明細から資金繰表に落とし込む力が必要である。

　資金繰りが窮境状況にある経営者に対し「資金繰り表の作成」を求めることは、過激な言い方になるが、「貴方、死になさい」と言っているのと同じくらい重たく無慈悲な言葉であることを認識していただきたい。今、彼がすべきことは、売掛金の回収であり、資金集めである。そもそも中小企業は、おおよその資金繰りは頭の中にはあるが、「資金繰り表を作った経験がない」「そもそも作り方すら分からない」という経営者が多い。**中小零細な企業の経営者に対し、安易に資金繰り表の作成を求めることは避ける**べきである。

本事例のポイント
1. 資金繰り破綻の可能性が低いことの検証
    - 資金繰り表を自前で作成できる能力を持った中小企業は少ない。必要事項を聞き出し資金繰り表を作成しアドバイスできる力をつけておくことが金融機関職員には求められる
2. 試作品の可能性についての検証
    - 試作品に対する評価を確認できるエビデンスの獲得
    - 社長へのヒアリングだけでは不十分、客観的な資料の獲得が重要
3. 販路の可能性の検討
    - どんなに優れた新商品でも、販路を新たに開拓する必要がある場合は容易にはいかない
4. 当社への実のある訪問記録の整備

- 経営者の経営改善に対する不断の努力も評価の対象となり得る（形式的ではなく、当社の事業と財務実態に関心に基づく、実のある訪問記録に表現される）

(5) 組み立て式家具製造卸売業「事例19」

事例19

事例：組立て式家具の製造・卸売業者d社
概況：地元のホームセンターを中心に組立て式家具の製造・卸をしている。
☹ アジア製の廉価品に押され、前期決算では売上高が40％減程度にまで落ち込んでおり、決算書上の数値から機械的に算出される正常運転資金は大幅に減少している。
☺ 廉価品に比べたd社の製品の良さが見直され、今期は前々期並みの売上を確保できる見通し。

評価

☺ e銀行は、d社から提出された直近の試算表や、今期の業績予想、資金繰表、受注状況を示す注文書を確認・検証し、d社の製造現場や倉庫の状況及びホームセンターの販売状況を調査し、d社の製品に優位性が認められることが確認できた。
☺ 正常運転資金の算出については、債務者の業況や実態の的確な把握と、それに基づく今後の見通しや、足元の企業活動に伴うキャッシュフローの実態にも留意した検討が必要。

以上のことから、d社に前々期と同額の短期継続融資の書替えを実行しても、正常運転資金の範囲内として、貸出条件緩和債権には該当しないものと考えられます。

　本事例は、すでに「第1章第3節2.」で短期継続融資の観点から取り上げた。ここでは再び事業性評価（理解）という観点から採り上げる。
　当社は、地元のホームセンターを中心に製造・卸を行う「組み立て式家具製造卸業者」である。一般に、当業界は、アジア製の廉価品に押され、苦戦を強いられている。当社も、その影響は大きく、前期比で

40%の売上減少となり苦戦している。**40％の売上を失った現状は、それこそ資金繰り破綻が予測される水準であり、アジア製の廉価な家具が席捲する市場を見る限り、売上の回復は見込めないと考えてもおかしくない。**

　一方、廉価品に比べた当社の製品の質の良さが見直され、今期は前々期並みの売上を確保できる見通しとある。言い換えると、当社の**評価のポイントは、イ．売上の減少がアジア製の廉価商品の輸入による過剰反応であること、ロ．売上が従前の水準に回復する見込みであること、ハ．資金繰り破綻がないこと、の３点を合理的に説明できるかどうか**ということになる。

　イ、ロについては、最近の試算表や店舗別売上管理票等で回復の足取りを確認する必要がある。さらに、製造現場の様子を見学し、職人のこだわり等をヒアリングし、アジア製の廉価品との差別性の有無を調査確認することも重要である。販売現場に出向き、実際に販売に携わる方々から手応えを聞き出すことも必要となろう。一言で言うなら、売上回復の動きが一時的なものではないという合理的な組み立てが必要ということである。「うちの商品はアジア製と比べて品質がいいのだ」と社長が言ったとしても、それだけでは当社の事業性を評価する根拠としては弱い。

　ハの「資金繰り破綻がない」ということは重要である。定性面でいくら優れたものを持った事業であっても、資金繰りが行き詰まれば企業は破綻する。当社の事業計画や主要取引先の仕入販売計画、仕入条件・回収条件から資金繰りを把握し検討することが求められる。資金繰り表を作成・検討できる力は金融機関職員に基本的に求められる能力であることは、本節（4）で述べたとおりである。

　本事例は、**資金繰り破綻のないことを確認（資金繰り表）したうえで、**

過剰に見える運転資金を、経常（正常）運転資金として継続融資することで、前々期並みの売上回復に大きく貢献することを合理的に判断している（第1章第3節2．参照）。当社と真正面から向き合い、地道に実態把握を行い、必要資料を徴求・検討した結果、相応の合理性をもって判断している。これらの「一連の検証と集めた情報の評価」こそが、「事業性評価の基本」であり、目利きがなすべき仕事と言える。

> **本事例のポイント**
> 1. 資金繰り破綻のないことの検証
>   ・資金繰り表を自前で作成できる能力を持った中小企業は少ない。必要事項を聞き出し資金繰り表を作成しアドバイスできる力をつけておくことが金融機関職員には求められる。
> 2. 売上減少が過剰反応であることの説得材料の獲得
>   ・製造現場の職人のこだわりの確認
>   ・ホームセンター等販売現場の手応えの確認
> 3. 売上回復が見込める理由の合理的な検証
> 4. 当社への実のある訪問記録の整備

(6) 漬物店「事例8」

事例8

事例：漬物店L店（借入残高2億5千万円）
概況：地域では有名な老舗の漬物店であり、長年培った信用力と商品の評判が良いことから、10年前に駅前の百貨店への出店、また、自宅兼店舗の改装（7千万円）を行うなど、事業の拡大を図った。
☹ 3年前に保証した同業者の倒産により保証債務を履行したため、大幅な債務超過に陥った。
☹ 好調であった百貨店販売についても、百貨店倒産により閉鎖を余儀なくされ、売上も減少し3期連続赤字を計上している。
☺ 商品が贈答品として好評で、百貨店での販売実績も高く、また全国各地からの問い合わせも多いことから、M信用金庫はL店の再生は可能と判断し、支援をしていく方針を固めた。
☺ 今後の販売経路について検討し、インターネットを使った通信販売を開始したところ、徐々にではあるが売上も増加してきており、今期には黒字の計上も見込まれる状況。

評価

☹ L社は3期連続赤字を計上し、大幅な債務超過に陥っている。
☺ 味には定評があり、通信販売を利用した低コストの拡販により、今後、全国からの受注が増加することによって業況改善が見込まれる。

以上のことから、経営破綻に陥る可能性は高くない貸出先と評価されます（問題ないとまではいえず、注意は必要です）。

　当漬物店は、商品の質と味の良さから地元で変わらぬ支持を得ている老舗の漬物業者である。10年前に駅前の百貨店へ出店し、自宅兼店舗の改装を行うなど、積極的な事業拡大を図ってきた。

　一方、3年目に、保証した同業者の倒産により保証債務を履行したことから、大幅な債務超過に陥っている。加えて、好調であった百貨店販売についても、百貨店の倒産により閉鎖を余儀なくされ、売上も減少し3期連続赤字を続けている状況にある。**赤字かつ債務超過の上、売上も**

大きく減少した状況にあり、表面的に見れば資金繰り破綻を免れないとして判断されても不思議でない。

　注目すべき点は、同業者に対し保証を行ったという行為の是非はあるが、債務超過に至った理由が、商品性に問題があったわけではないという点である。また、３年連続で赤字を続けている原因は、百貨店の倒産による収益機会の喪失であり、同様に商品性に問題があったわけではない。

　一方、当社は、大きく売上を失ったことによる資金繰りの悪化は避けられなかったはずである。今日まで３年間赤字を繰り返しながらも生き残ってきたが、資金繰りの危機をどのように克服したのであろうか…。しかも今期は黒字計上も見込まれる状況にある。つまり、**資金繰り破綻を避けられた理由、売上が回復基調にある理由を合理的に説明できるかどうか…に当社の評価につながるポイントが隠されている。**

　代金前払いのインターネット販売が、資金繰りに好影響を及ぼしたであろうことは容易に想像できる。裏付けとして必要なのが、同部門における、開始以来今日までの同部門の実績の検証である。インターネット販売を始めて今日までの同分野の進展を示す月別実績資料は有効である。通常から当社とのリレーションが保たれているなら資料は比較的容易に手に入るであろう。

　次に商品性の検証が必要となる。百貨店倒産までの実績値を見ればある程度想像はつくが、インターネット販売が伸展するという判断を下すには不十分である。事例本文に「商品が贈答品として好調で百貨店での販売実績が高く、また全国からの問い合わせも多い」とのことであるが、その裏付けが得られるかどうか…が、評価のポイントとなる。通常このようなケースでは、「お問い合わせ先リスト」といったもので経営者の手元に情報が蓄積されているはずである。**どの地域からどのくらいの問**

い合わせがあり、どの商品がインターネット販売で売れているかを「見える化」する必要がある。

　見落としてならないポイントがある。百貨店売上を失った時点で当社は資金繰り面でのっぴきならない危機に面したはずである。頼りとするインターネット販売も開始したばかりである。この間の資金繰りはおそらく、過去の「内部留保の切り崩し」と「個人資産の投入」で切り抜けたと思われる。今期は黒字計上が見込まれるまで回復しているようであるが、確定した話ではない。今期も赤字から抜け出せなかった場合、資金補填できる材料は残っているのであろうか…。つまり、**財務体力の再検証は、当社の事業性を評価するうえで欠かせない重要ポイント**となる。

本事例のポイント
1. 商品性に毀損のないことに着目
　・債務超過の原因は保証債務の履行
　・売上減少の原因は百貨店の閉店
2. 窮境期の資金繰りの検証（財務体力の検証）
3. インターネット通販の進展の確認と資料の徴求

---

(7) 土木建設業者「事例15」

事例：土木建設業者Y社（借入残高20億円）
概況：官庁工事主体（約70％）に取り組む地場の土木建設業者
　☹　公共工事の低迷などから、売上は前期比横ばいである。
　☺　株式投資の失敗による金利負担もあり毎期わずかな黒字にとどまっているが、本業では一定の収益が出ている。
　☹　株式等の含み損を加味すると実質債務超過は多額なものとなっている。
　☹　Z銀行からの借入金は、金利のみの支払いで期日一括返済を繰り返しているなど、元本返済猶予状態である。

☹ Y社は、株式等の含み損を加味すると実質債務超過である。
☺ 今後の受注見込等に基づく本業による収益が見込める。
☺ 株式等の売却により借入金を返済する。

　以上のことから、経営再建の可能性が高いと判断されるならば、経営破綻に陥る可能性は高くない貸出先と評価されます（問題ないとまではいえず、注意は必要です）。
　なお、本事例は、元本返済猶予状態にありますが、今後の経営改善が見通せるので、不良債権にはなりません（リーフレット「中小企業の皆様へ」参照）。

　当社は、官公庁主体（約70％）に取り組む**地場の土木建築業者**であり、借入残高は20億円程である。過去、株式投資の失敗から多額の含み損を抱え実質債務超過額も多額なものとなっている。株式投資に係る多額の借入金の金利負担から、黒字を維持していると言えども、僅かに止まる。幸い赤字に転落していないとはいえ債務償還能力は不十分なことから、主力行からの借入金は、金利のみの支払いで期日一括返済を繰り返しているなど、元本返済猶予状態にある。

　高度成長時代のように公共工事主体で経済を引っ張る状況にはないことを考えると、官公庁工事については今後も多くは期待できないことから、神風でも吹かない限り業界が活況を取り戻すのは容易ではない。よって、当社の事業性評価については、事業継続性が認められるか否か…という点にある。

　幸い当社は株式投資の失敗による多額の金利負担があるにも関わらず、毎期わずかながら黒字を計上している。本業では依然一定の収益とキャッシュフローを生み出す力が残っているということだ。公共工事を主体とする事業構造ながら、最近2年は売上は横這いであり、底入れしているように見える。

この点では、土木建築業の当地における業界分析が必要である。例えば、中山間地にあり、定期的に河川補修や山間道路の補修工事が必要な地域で、インフラ整備の面で一定の公共工事を見込むことができるのかもしれない。

まず検討すべきは、本業が生み出す収益力とキャッシュフロー、ならびに実質長期債務を正しく把握することである。つまり、本業で安定して獲得が見込まれるキャッシュフローで、実質長期債務を返済できるまで圧縮できるのであれば、今後、大きく改善することは叶わなくとも、安定した事業継続は可能となる。言い換えると、事業継続性を判断するには、当社の財務実態を再度把握してみる必要があるということだ。**受注工事のなかに「架空なものはないか」「追加工事を行ったが払って貰えない代金等が、その他工事等に隠されていないか」「その期にしか発生しないような収益（各種補償金等）が営業外収益に含まれて、あたかも毎期獲得できる収入にカモフラージュされていないか」等々を見極める必要**がある。

その上で、**実質長期債務（固定資産等＋不良化流動資産－公表自己資本）を圧縮できる可能性がある資産が存在するのかを見極める**。処分すれば含み損が顕在化し公表決算書を痛めることにつながるが、幸いにも、株式投資に失敗し減価しているとは言え、当社は換価可能な株式を保有している。これを換金し、実質長期債務を圧縮した後に安定した返済が期待できるのであれば、事業継続の可能性は残されていることになる。

損を確定することになる株式の売却に経営者が理解を示さないようであれば、当社の存続可能性に大きな影を落とすことになる。**目利きには、経営者の心根まで見通す、あるいは決断させる力量が求められる。**

> **本事例のポイント**
> 1．地域性に着目した現状分析の重要性
> 2．財務実態の把握
>   ・正味運転資金、実質長期債務の把握
>   　（第3章第4節「建設業等受注型産業の粉飾の見抜き方」を参照）
> 3．換金可能性のある資産の確認

(8) 建設業者「事例18」

> 事例：建設業者 c 社（借入残高4億4千8百万円）
> 概況：大手住宅建設業者の下請工事を主に、個人一般木造住宅のほか、一般建設も手掛けている。
> ☹　大手住宅建設業者からの受注工事が主なことから安定した受注量はあるものの、建設業者のコスト削減の影響を受け、3期前から赤字を計上している。
> ☹　5年前に銘木の仕入れ資金の影響を受けたが、銘木を使用した新規の大規模住宅の受注の減少により、在庫資金名目の運転資金については、現状、返済財源が確保できないため、元本の返済期日について、6カ月間延長を繰り返している。
> ☺　在庫の銘木について、その価値が毀損している事実はなく、在庫処分による返済実績もあることから、同業者への在庫処分を実施することにより、返済に充てたいとしている。

第2章　事例に学ぶ中小企業の事業性評価（理解）

評価

- ☹ 売上の減少に伴う返済能力の低下は明らかであり、今後、短期間での業況改善が見込めない。
- ☹ 元本の返済期日について、実質、条件変更を行っている状態である。
- ☺ 在庫資金名目の運転資金については、在庫の処分により全額回収するもので、在庫処分による返済実績を勘案すれば返済財源は確実と見込まれる。

以上のことから、経営破綻に陥る可能性は高くない貸出先と評価されます（問題ないとまではいえず、注意は必要です）。

なお、本事例は、実質条件変更を行っていますが、貸出金については、返済財源が確保されていることから、信用リスクが低くなるため、貸出金利は信用リスクに見合った金利を上回っているので、不良債権になりません。

当社は、大手住宅建設業者の下請け工事を主に、個人一般木材住宅の他、一般建築を手掛ける建設業者である。

大手住宅建設業者からの受注は安定しているが、個人一般木造住宅や一般建築の落ち込みは避けがたく、売上減少による返済能力の低下は明らかである。さらに、**大手住宅建築業者からのコスト削減要請の影響を受け３年連続で赤字を計上している**。５年前、個人一般木造住宅及び一般住宅への事業展開を展望し、融資により銘木を仕入れたが、新規の大規模住宅の受注が減り、在庫となり当社の経営を圧迫している。借入金は、元本の返済期日について、６カ月間延長を繰り返す状況にある。

当社の現状を整理してみると、仕入れた銘木が在庫となり当社の経営を圧迫している一方で、３期連続で赤字とはいえ、かろうじてキャッシュフローは獲得できていると思われる。**コスト削減要求が厳しいながら、大手住宅建設会社からの受注は幸いなことに安定している**のも明るい材料である。

当社を評価する場合、まず**過剰となっている銘木の資産性の把握**が重

要となる。銘木自体は、管理さえ怠らなければ朽ちることはなく、市場さえあれば適正な価格で転売可能なはずである。とすると**必要な目線は、銘木市場の動向、当社の管理状況、当社保有の銘木のグレードや市場人気等々**、ということになる。本事例の場合、この様な視点で調査を行った結果、その価値が毀損している事実はなく、過去在庫処分による借入金の一部弁済を行った実績もあることから、時間をかければ適正価格で販売でき負債の圧縮に繋がると考える合理的な理由が存在する。幸い、赤字とはいえキャッシュフローは確保されており、当面の資金繰り破綻は想像しにくいのも好材料である。

当社の事業性評価のポイントとしては、**イ．経営を圧迫している真の原因の把握（業界の低迷が直接の原因ではない）、ロ．その原因を取り除く可能性の検討（銘木の転売可能性の検討）**があげられる。

業界として依然厳しい状況は続くと思われるものの、当社の事業継続可能性が毀損しているわけではない。

本事例のポイント
1. 経営を圧迫している本当の原因（理由）の把握
   ・当社の場合、業界の低迷が直接の窮境原因ではない
2. その原因を取り除く可能性の検討
   ・銘木の市場性の評価
   ・経営者の覚悟（過去の在庫処分の実績）
   ・大手住宅建設業者からのコスト削減要請は厳しいが受注は安定
3. 資金繰り
   ・在庫名目の運転資金は６カ月ごとの延長を繰り返しているが、その他についてリスケはなく、キャッシュフローは確保されていると思われる

(9) 温泉旅館「事例10」

事例10

事例：温泉旅館O館（借入残高4億円）
概況：地元温泉街の中規模旅館

☹ 5年前に宿泊客の落ち込み挽回策として、別館をリニューアルしたが、売上は当初計画比8割程度と伸び悩んでいる。多額な減価償却負担（定率法）や金利負担から毎期赤字を計上し、債務超過に陥っている。

☺ 定率法を採用しているため、今後、減価償却負担の減少が期待できる。

☺ P銀行は、運転資金のほか、別館改築資金（2億5千万円、20年返済）を融資している。なお、改築資金については、現状正常に返済が行われている。

☺ 代表者は、新たな旅行代理店の開発及びタイアップにより、宿泊客数の増加を図るとともに、人件費等の経費削減にも取り組み、収益の改善に努めたいとしている。

※ 減価償却には、定率法と定額法があります。
・定率法…毎年、期首の未償却残高に対して一定率をかけて減価償却費を算出する方法。償却期間の当初は、負担が大きくなる特徴がある。
・定額法…毎年、一定額を償却する方法。毎年の減価償却費を一定にできるという特徴がある。

※ 金利負担…設備投資（元本）の額が大きいほど、初期の金利負担は大きくなります。

評価

☹ O館は売上の低迷により、毎期赤字を計上し、債務超過に陥っている。

☺ 多額の設備資金に関して、今後、減価償却及び金利負担の減少が期待できる。

☺ 収益改善を図っており、今後の経営改善が見込まれる。

以上のことから、今後も定期的な返済が可能であるならば、特段の問題のない貸出先と評価されます。

当旅館は地元温泉街にある中規模旅館である。5年前に宿泊客の落ち

込み挽回策として別館をリニューアルしたが、売上は当初計画比8割程度と伸び悩んでいる。多額な減価償却負担（定率法）や金利負担から毎期赤字を計上し、債務超過に陥っている。当社に対する融資は、運転資金として1億5千万円、別館改装資金として2億5千万円で、合計4億円である。別館改装資金（20年返済）は正常に返済が行われている。

　この事例は、「評価」を見ると分かるように**赤字かつ債務超過にもかかわらず、「特段の問題のない貸出先」として正常先として評価できる可能性を示した特殊な事例**である。しかし、その背景にはしっかりとした事業性評価があってのことであることは言うまでもない。

　当社を理解するには、「旅館業は一般に多額な設備投資を必要とし、これらの投資資金の回収に長期間を要すること、さらには、定期的に補修や改修を必要とする業界であることの基本認識が必要である。

　以上を踏まえ**当旅館の事業性を評価するポイントは、今後の補修、改修計画を踏まえても今後安定的に返済が可能と判断できるか…というところ**にある。具体的には、今後の大規模投資計画、補修計画のヒアリングとその妥当性の判断が求められる。その場合に必要なのが、投資規模、時期、資金の調達計画、収支計画であるが、妥当性を検討するには、過去の補修の実績を踏まえた今後の補修計画等についてのヒアリングと検証が必要となる。

> **本事例のポイント**
> ・減価償却の方法によって利益の状況は大きく異なるため、現段階での決算書の数値では企業の評価はできない
> ・たとえば旅館業の様に多額の設備投資を必要とし、その投資資金の回収に長期間を要する特性のある業界は、これを踏まえて評価する

第3節 事業性評価(理解)は
　　　　　M(向き合う) K(観察する) K(語り合う)

　本来地域金融機関は、「うちのポチに子犬が産まれたんだよ。どこかに、もらってくれる家はないかな？」といったような世話ばなしから入ったものである。こうしてリレーションを重ねる中で、例えば「我が家に一人娘がいるんだけど、いい婿さんいないかな？ 後継者が必要なんだよ」、というように、時間をかけて築き上げた信頼関係を基礎に金融サービスを提供してきた。しかし、現代では、「労務管理の厳格化」「情報漏えいに対する危機管理の強化」に加え、業務は多様化し、資格試験や通信講座の受講で営業店の職員はがんじがらめの状況にある。企業経営者も、能力のある経営者が一所懸命に努力し、ようやく経営が成り立つような時代である。言い換えると**時間をかけてリレーションを重ねて企業を知る（理解する）ような時間的余裕がない時代**と言える。

　このような状況下で、各金融機関で工夫された事業性評価シートであっても、運用を間違えると、かえって金融機関と相手企業に対し、ネガティブな結果を招きかねないことを改めて指摘する。シートは、あくまでも対話のためのきっかけであり、**シートを埋めることで事業性を評価できると勘違いしないこと**である。

　実務的には、事業性評価は、現時点の財務情報と定性情報から疑問点を明確にすることから始まる。現状の体力と収益力を正しく把握し、窮境・好況にかかわらず、現状に至った背景を把握できない者に、当該企業の将来性に関わる事業性評価はできない。企業と向き合い、語り合い、観察することを繰り返すことで、数字だけでは見えてなかったその企業の「良さ、強さ」に気づくことができる。それを共通認識することで、

金融取引を実践する。これこそが地域金融の本来の姿である。事業性評価シートのような定型的なツールを用意するのもいいだろう。しかし、「な〜んちゃって事業性評価」にならないよう、心がけて頂きたい。

第3章

事例に学ぶ財務実態把握

第1節　財務実態把握がすべての始まり

　当該企業の財務体力と収益力の実態を正しく把握し、好況・窮境にかかわらず現在に至った理由を正しく把握できない者に、その企業の将来につながる事業性を理解できるはずがない。**「地域金融機関は数字ばかり見て、事業を見ていない」**と金融庁は言うが、**「数字すら見ていない、否、見る力を失った」**というのが実態である。

　企業が金融機関に対し、「常に現状を正しく示した財務諸表を提示してくれる」と思うのは危険である。中小企業の場合、会社の財務自体が未熟というケースもあれば、意図的に粉飾されているケースも多い。また、減価償却の未実施や、その期にしか発生しないような収入を毎期発生が期待される営業外収益に計上するなど、税務会計的に許される変更の範囲として、税理士が意図的に決算操作するケースもある。

　言い換えると、金融機関は、実態を表しているとは言えない決算書と、手元にある定性情報から、矛盾点や疑問点をあぶり出し、**ヒアリングや観察を通じて、企業の実態を掴む**ことが大切である。定性情報についても、金融機関が必要とする情報を、すべて開示してもらえるとは限らないし、正直に開示されているとは限らない。

1．目利きとは

　「目利き」を一言で言うと、**「当概企業の事業価値を見極め、経営課題の発見と把握を行う能力を持った者」**ということになる。

　具体的に求められる能力は、①財務分析能力に優れ、定量面でのリスクを正しく把握できる、②企業の知的財産（定性面での強み等）の収集

第3章　事例に学ぶ財務実態把握

図表3-1　目利きとは

≪一言で言うと……≫
　…当該企業の事業価値を見極め、経営課題の発見と把握を行う能力を持った者
≪具体的に求められる能力≫
　①財務分析能力に優れ、定量面でのリスクを正しく把握できる。
　②企業の知的財産（定性面での強み等）の収集分析ができる。
　③業界動向を分析し把握できる。
　④経営者の資質を見抜き、時として毅然と対応できる。
　⑤社会経済の動きを敏感に感じ取り、先行きを見通すことができる。
　⑥短期の成果に惑わされず「顧客にとって望ましいかどうか」の目線で判断できる。

企業実態把握能力の向上がすべての原点

分析ができる、③業界動向を分析し把握できる、④経営者の資質を見抜き、時として毅然と対応できる、⑤社会経済の動きを敏感に感じ取り、先行きを見通すことができる、⑥短期の成果に惑わされず「顧客にとって望ましいかどうか」の目線で判断できる、の6つの能力である。中でも、①として掲げた**財務実態把握は最も重要**で、事業性評価（理解）のベースをなすと言ってよい。

本章では、第2節以降で、粉飾事例を取り上げ、財務実態把握のポイントを考える。

本章については、拙著「ベテラン融資マンの知恵袋」第2章『定量（財務）分析』、「ベテラン融資マンの渉外術」第2章『決算書速読法』を参考にしているので、参照することをお勧めする。

第2節　食品加工卸売業Ｈ社の事例研究

1. 概況

　Ｈ社は、西日本に拠点を置いた辛子明太子加工販売業者で2009年3月に実際に破綻した。しかし現在某大手水産加工業者がスポンサーとなり、同一社名で存在する。したがって、現存する企業とはまったく関係ないことを、最初に断っておく。

　読者の中に、図表3-2に示した財務情報で、Ｈ社が2009年2月に破綻することを見抜ける者がどれだけいるだろうか？ **想像を絶する粉飾**が行われている。

　以下、順に見てみよう。なお、数値はすべて公表数値による。

　自己資本は脆弱ながら、売上は2005年まで順調に増加し、営業利益も毎期確実に増加している。現預金も10億を超える水準にあり、近年の売上高の停滞は気になるものの、当面は大きな問題がないように見えても不思議ではない。しかし、この会社は公表決算で2008年6月に、355百万円の利益を出しているのに、決算後1年を待たず破綻した。

2. 財務実態把握に定性情報は欠かせない

　決算書による財務情報に、Ｈ社の定性情報を加えて考えてみよう。Ｈ社の概況は図表3-3のとおりである。
　さらに、**業種別融資取引推進ガイド、業種別審査事典、業界紙、シンクタンク等により当業界を調査**したものが、「業界動向」（図表3-4）、「業

図表 3-2　H社の財務数値の推移

（金額単位：百万円）

		1999/6	2000/6	2001/6	2002/6	2003/6
損益状況	売上高	10,897	12,201	13,056	17,898	18,917
	売上総利益	894	938	958	1,078	1,059
	営業利益	192	211	197	210	217
	経常利益	53	60	37	30	39
	当期利益	21	25	17	13	16
	減価償却	35	33	31	29	30
	次期繰越金	149	174	191	204	220
財務状況	総資産	5,211	5,475	7,041	8,649	8,303
	自己資本	169	194	211	224	240
	借入金	3,095	2,992	3,071	3,010	3,071
	手形割引	406	643	523	336	398
	現金・預金	1,337	1,621	1,984	1,587	2,308
	経常運転資金	1,296	862	524	969	330
	固定資金計	702	736	709	686	716
指標	自己資本比率	3.24	3.54	3.00	2.59	2.89
	経常収支比率	107.29	102.30	103.46	99.39	103.67
	償却前利益	56	58	48	42	46
	借入金月商倍率	3.855	3.575	3.303	2.243	2.201
	受取勘定回転期間	1.50	1.43	1.50	1.29	1.12
	棚卸資産回転期間	2.43	2.08	2.34	2.50	2.73
	支払勘定回転期間	1.86	2.10	2.88	3.19	3.40
	借入金利子負担率	4.37	4.68	4.65	5.71	5.75

		2004/6	2005/6	2006/6	2007/6	2008/6
損益状況	売上高	19,883	19,935	19,806	19,697	19,930
	売上総利益	1,049	1,092	1,255	1,389	1,432
	営業利益	230	250	256	334	355
	経常利益	38	40	50	81	77
	当期利益	8	18	25	41	41
	減価償却	29	33	35	40	39
	次期繰越金	228	247	272	313	354
財務状況	総資産	8,952	9,824	11,090	11,157	11,812
	自己資本	248	267	292	333	374
	借入金	3,500	4,489	5,570	5,792	4,589
	手形割引	474	742	1,118	645	668
	現金・預金	2,295	2,482	2,316	1,801	1,035
	経常運転資金	620	1,468	2,458	3,282	2,822
	固定資金計	710	734	882	898	899
指標	自己資本比率	2.77	2.72	2.63	2.98	3.17
	経常収支比率	97.78	95.23	93.90	98.96	102.86
	償却前利益	37	51	60	81	80
	借入金月商倍率	2.398	3.149	4.052	3.921	3.165
	受取勘定回転期間	0.93	1.13	1.40	1.60	1.87
	棚卸資産回転期間	2.59	2.88	3.41	3.74	3.86
	支払勘定回転期間	3.14	3.19	3.26	3.28	3.77
	借入金利子負担率	5.43	4.82	3.83	4.28	5.03

H社の当行からの借入金利は2.85％程度。なお、H社の支払金利の実弾は294百万円

図表 3-3　H社の概要

〈H社の歴史〉
　　1）1951年　水産加工を目的に設立（乾物製造として先代が設立）
　　　　　　　するも、その後休眠
　　2）1967年　再開
　　3）1973年7月　法人成り
　　4）1991年　本社事務所を新築
　　5）1994年　工場増設
　　6）2004年　中国に第2工場を新設
〈その他〉
　　◆H社取扱い商品
　　　辛子明太子　　85％
　　　たらこ　　　　10％
　　　魚（みりん干）5％
　　◆当行シェア　5％　当行融資利率　2.85％（平均）
　　　メイン（地銀）シェア　21％
　　　取引銀行　19行

図表 3-4　業界動向

1）地域ブランド商品として優等生と言われた「博多の辛子明太子」であるが、土産物、贈答用としての需要の減退（1990年代後半以降）で福岡県での生産は大きく落ち込んだ。一方、宮城県石巻、気仙沼の業者が1990年代後半より大きく台頭している。
　・従来より水産加工が盛んな上に良港をもつ。
　・1980年代には関東が大消費地として成長し、東北からは距離的にも近い。
　・排他的経済水域（200海里）問題から、遠洋漁業衰退。それにあわせて商社指導による辛子明太子製造販売部門へ進出。催事販売で首都圏に攻勢をかけて成長
2）中国へ生産シフトは失敗
　・製品としての辛子明太子は輸入制限がないことから、中国進出が盛んに行われた時期があるが、完全に失敗。理由としては「品質の確保が難しい」「食の安全意識の高まりと、中国生産の信頼の喪失」が挙げられる。

図表 3-5　業界の特徴

> ① 仕入に季節性あり。原材料はスケトウダラの原卵。漁期は 11 月〜1 月（在庫のピークは 12 月末）1 年分まとめて仕入れるという業界慣行がある。
> ② 辛子明太子は九州北部と山口県西部という限られた地域で食される食品であった。
> ③ 現在のタレに漬け込む製法は、「株式会社ふくや」が開発。
> ④ 事業拡大のきっかけは「新幹線の博多開業（1975 年）」と「株式会社ふくやがレシピを公開」したこと。
> ⑤ 本来零細企業が副業として営んだため、急拡大する需要に資金が追い付かず、当業界は商社金融（循環取引）に頼る商慣習があったが、企業が一定の成長をした現在では行われていない。
> ⑥ 業界売上トップは株式会社ふくや。年商約 140 億円（2008 年）
> ⑦ 上位 3 社（ふくや・かねふく・やまや）で過半数を占める寡占業界
> ⑧ 遠洋漁業の衰退から宮城県における遠洋漁業業者が大手商社の指導もあり、同業界に参入した結果、大きくシェアを伸ばした。なお、現在の最大消費地は東京を中心とする関東地方一円である。
> ⑨ スケトウダラ…TAC 制限品目（漁獲可能量制限）
> 　　　　　　　　IQ 品目（輸入割当数量対象品目）
> ⑩ 在庫ポジション
> 　従前は大手水産卸と商社にあったが、大きく変化。過去はメーカー側が中小零細であったことから循環取引が日常的に行われたことによる。しかし、現在では、行われていない。

界の特徴」（図表 3-5）、「業界のトピックス」（図表 3-6）である。

　こうした定性情報を加え、改めて（図表 3-2）の定量情報を見てみると、**様々な矛盾点**が見えてくる。

　次の **7 つの視点**※で財務上の矛盾点を検証してみよう。すると、下記に示すとおり 5 つの疑問点や矛盾点が浮かびあがる。

　※拙著「ベテラン融資マンの知恵袋」第 2 章第 5 節『粉飾発見のポイント』
　　を参照

　7 つの視点とは、具体的には、①業種的に見て売上高の推移が異常、②経常収支に異常、③低位横並びの利益計上、④回転期間（受取・棚卸・

図表 3-6　業界トピックス

① 従前は、酒粕に唐辛子を混ぜて漬け込む方法で辛子明太子は製造され、下関の前田海産が老舗として有名。
② 福岡市における「ふくや」が、1960年前後に、漬込型製法を考案し、一般に普及。「ふくや」は、レシピを隠すことなく地元業者に公開し、辛子明太子流通の礎を築いた。
③ 1975年新幹線の博多開業と共に、博多名産「辛子明太子」として地域ブランドを確立した。味の良さ、値段の手頃感もあって、お土産として関東地域に持ち帰られたことから、急速に市場が拡大した。
④ 1980年代には、辛子明太子の認知度が向上し、百貨店・量販店でも広く販売されるようになった。
⑤ 1995年以降、スケソウダラ漁は「中央ベーリング海におけるスケトウダラ資源の保存及び管理に関する条約（1996年締結、1997年発効）」の影響で、中央ベーリング海公海での操業が困難となった。
⑥ 2000年にはロシアが領海内でのスケトウダラ漁を中止（2000年問題）、これによって原卵の仕入価格が高騰。翌年より漁を再開したが、業界には「原卵の確保が死活問題」とのトラウマが生れた。
⑦ ロシアの操漁中止は1年に止まり、2001年以降、正常に漁が行われている。
⑧ 2007年には、「おにぎり」等の加工用に「辛子明太子」の出荷量が、お土産用の出荷量を上回った。

支払各勘定）の異常、⑤決算書不連続、⑥不自然な法人税充当額、⑦金利負担率に異常、である。

（1）まず、**決定的な矛盾点**として目に付くのが、**H社の売上**である。当業界は3社の寡占であり、当業界のトップ企業であっても年商140億円（2008年）である中で、当社は190億円を超える売上を上げている。H社の取扱い比率は明太子が85％であることを考えると、H社の明太子売上は160億円を超えるはずであり、明らかに矛盾がある。また、新幹線の博多開業（1975年）後20年経過しており、市場は成熟（1995年頃がピーク）しているにもかかわらず、当社は1999年以降5年間で、売上高がほぼ倍増している。

（2）2つ目として、**経常収支※に異常感**がある。毎期黒字計上にもか

かわらず、直近5期中4期がマイナス（経常収支比率が100％以下）となっている。仕入のピークは冬期であり、利益が出ているのであれば経常収支が連続赤字となる可能性は低い。H社の収益力は実態赤字である可能性が高い。

※経常収支：拙著「ベテラン融資マンの知恵袋」第2章第5節『粉飾発見のポイント』(2)②参照。

(3) 3つ目として、**売上規模からみて利益が低位**にあることは否定できない。2004年をボトムとして以降着実に利益が生まれているように見えるが、2008年6月期で見ても、その利益率は「0.2％」と低位であり、生ものを扱う業界のロス率を考えると、そのロスの範囲と思われ、毎期低位横並びの利益計上と言える。

(4) 4つ目として、**在庫に異常感**がある。2004年6月期以降売上はほぼ横ばいにもかかわらず、在庫は毎期増加（棚卸資産回転期間が増加）している。不必要な在庫は、H社の資金繰りを圧迫し、金利負担は収益を圧迫する。H社の売上は公表決算書では2004年6月期以降、安定しているにも関わらず、在庫を積極的に積み増す理由はない。明らかに矛盾である。

(5) 5つ目として、**借入金利子負担率※に異常感**がある。H社の仕入販売と年間パターンは、仕入は冬期に集中し、販売面では、中元と歳暮の時期に増加をするが、年間を通じて安定している。言い換えると6月は、ほぼ年間の平均レベルにあるはずである。にもかかわらず、H社の借入金利子負担率は2008年6月期で5.03％（当行からの借入平均金利は2.85％。他行からの借入金利も大きく違わないはず）であり、異常である。

※借入金利子負担率（％）の理論値は次の算出で算出できる

$$\frac{支払利息割引料}{期首・期末有利子負債（長短借入金＋社債＋割引手形）平均残高}$$

図表3-7　7つの視点からみるH社の異常ポイント

	指摘事項	指摘理由
1	売上高推移異常	新幹線の博多開業後20年で市場は成熟（1995年頃）。にもかかわらず、当社は1999年以降5年間で、売上高がほぼ倍増
2	経常収支の異常	毎期黒字計上にもかかわらず直近5期中4期マイナス
3	低位横並びの利益計上	2004年をボトムとして以降着実に利益が生まれているように見えるが、2008/6期で見ても、その利益率は「0.2％」と低位であり、生ものを扱う業界のロス率を考えると毎期低位横並びの利益計上と言える。
4	在庫推移に異常	2004/6期以降売上がほぼ横ばいにも関わらず在庫は毎期増加
5	借入金利子負担率異常	直近期平均金利5.03％（当行金利2.85％）

　以上のとおり、**7つの着眼点のうち、5つで異常**を示している。7打数5安打であり、粉飾が行われている可能性は極めて高い。否、粉飾が行われているのは明らかである。整理すると（図表3-7）のとおりとなる。なお、「在庫の異常」と「借入金利子負担率の異常」については、本節「3」および「4」で解説する。**ある程度粉飾の規模を予測することまで可能となる**。

3．在庫の異常感から見える異常数字

　特徴的な動きとして、売上が横ばいに転じた2004年6月期を境に、棚卸資産回転期間が順調に増加していることが挙げられる。このような状況で、在庫を積極的に積み増す理由はない。

　具体的には、売上が横ばいとなった2004年6月期以降の在庫の増加は、**不良在庫、もしくは架空在庫の存在**を示している。2004年6月以降2008年6月までの在庫推移による異常感を数字で表現すると（図表3-8の下部参照）のように、直近だけで、**多額の赤字を出している会社**

図表 3-8 棚卸資産回転期間の増加をふまえた修正当期利益

		1999/6	2000/6	2001/6	2002/6	2003/6
損益状況	売上高	10,897	12,201	13,056	17,898	18,917
	売上総利益	894	938	958	1,078	1,059
	営業利益	192	211	197	210	217
	経常利益	53	60	37	30	39
	当期利益	21	25	17	13	16
	減価償却	35	33	31	29	30
	次期繰越金	149	174	191	204	220
財務状況	総資産	5,211	5,475	7,041	8,649	8,303
	自己資本	169	194	211	224	240
	借入金	3,095	2,992	3,071	3,010	3,071
	手形割引	406	643	523	336	398
	現金・預金	1,337	1,621	1,984	1,587	2,308
	経常運転資金	1,296	862	524	969	330
	固定資金計	702	736	709	686	716
指標	自己資本比率	3.24	3.54	3.00	2.59	2.89
	経常収支比率	107.29	102.30	103.46	99.39	103.67
	償却前利益	56	58	48	42	46
	借入金月商倍率	3.855	3.575	3.303	2.243	2.201
	受取勘定回転期間	1.50	1.43	1.50	1.29	1.12
	棚卸資産回転期間	2.43	2.08	2.34	2.50	2.73
	支払勘定回転期間	1.86	2.10	2.88	3.19	3.40
	借入金利子負担率	4.37	4.68	4.65	5.71	5.75

		2004/6	2005/6	2006/6	2007/6	2008/6
損益状況	売上高	19,883	19,935	19,806	19,697	19,930
	売上総利益	1,049	1,092	1,255	1,389	1,432
	営業利益	230	250	256	334	355
	経常利益	38	40	50	81	77
	当期利益	8	18	25	41	41
	減価償却	29	33	35	40	39
	次期繰越金	228	247	272	313	354
財務状況	総資産	8,952	9,824	11,090	11,157	11,812
	自己資本	248	267	292	333	374
	借入金	3,500	4,489	5,570	5,792	4,589
	手形割引	474	742	1,118	645	668
	現金・預金	2,295	2,482	2,316	1,801	1,035
	経常運転資金	620	1,468	2,458	3,282	2,822
	固定資金計	710	734	882	898	899
指標	自己資本比率	2.77	2.72	2.63	2.98	3.17
	経常収支比率	97.78	95.23	93.90	98.96	102.86
	償却前利益	37	51	60	81	80
	借入金月商倍率	2.398	3.149	4.052	3.921	3.165
	受取勘定回転期間	0.93	1.13	1.40	1.60	1.87
	棚卸資産回転期間	2.59	2.88	3.41	3.74	3.86
	支払勘定回転期間	3.14	3.19	3.26	3.28	3.77
	借入金利子負担率	5.43	4.82	3.83	4.28	5.03

※棚卸資産回転期間の増加分に月商を乗じることで収益への影響を算出

棚卸資産回転期間差額	0.29	0.53	0.33	0.12
収益影響(百万円)	481	874	541	199
修正後当期利益	▲ 463	▲ 849	▲ 500	▲ 158
	2005/6	2006/6	2007/6	2008/6

であることが理解できる。

4．借入金利子負担率の異常

借入金利子負担率に異常感があることはすでに述べた。H社の仕入販売と年間パターンは、仕入は冬期に集中し、販売面では、中元と歳暮の時期に増加をするが、年間を通じてほぼ安定している。言い換えると6月は、**年間の平均レベルにあるはず**である。にもかかわらず、H社の借入金利子負担率は2008年6月期で5.03％（H社の当行からの借入平均金利は2.85％）である。

H社の仕入販売商品の動きと必要な資金についての関係を示したものが図表3-9である。言い換えると58億円内外の簿外負債の存在が伺える。

図表3-9　仕入れの季節性と在庫推移

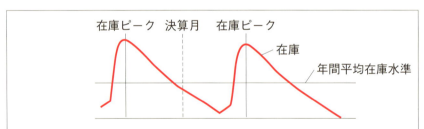

・H社支払金利は実弾294百万円
・決算月6月…運転資金借入は年間平均にニア（仕入に季節性あり）とすると、実借入総額は294百万円/2.85％＝103億円
∴帳簿上の借入金約45億円との差額である58億円内外の簿外負債が疑われる。

5．以上をまとめると

以上をまとめると、図表 3-10 のように、**連続大幅赤字を繰り返し、多額な債務超過の、生きているのが不思議な企業**であることが分かる。

図表 3-10　H 社の実態

> H 社は大幅赤字・債務超過であり、債務超過については数十億円単位である可能性が高い。
> 1．当業界は成熟しており、1999 年～2004 年で売上倍増は不自然。当業界のトップ企業の売上は当時 140 億円、上位 3 社で寡占状態であることを考えると、架空売上の存在が指摘できる。
> 2．2004 年をボトムに順調に利益を伸ばしているように見えるが、食品業界のロスの範囲であり低位横並びの利益計上と言え、実態赤字を示唆している。
> 3．経常収支は直近 5 期中 4 期でマイナスであり、決算（6 月）は仕入時期ではないことを考えると、実態赤字の疑いが強い。
> 4．2004/6 期の棚卸資産回転期間 2.59 カ月以降、毎年在庫が増加しているが、増加の理由はなく利益操作（赤字隠し）に使われており、その実態利益は少なくとも下記のとおり、2005/6 期 ▲463 百万円、2006/6 期 ▲849 百万円、2007/6 期 ▲500 百万円、2008/6 期 ▲158 百万円。
> 5．6 月の借入残高は H 社のビジネスモデルでは「年間平均」に当たり、同時期の借入金利は年間借入金利の平均に「ニア」であるはず。当行平均融資利率で逆算した場合※の、実借入金利は 100 億円を超える。よって 60 億円内外の簿外負債等が疑われる。
>
> ※金融機関からの借入金利に大きな違いはないことを前提に当行融資金利を基準に計算
> ※なお、年間借入のピークは 2007/12 期 6,647 百万円、ボトムは 2008/6 期 5,256 百万円。年間 50 億円以上が固定化されていることになる。
> 　一方 H 社が必要とする固定資金は「552 百万円（固定資産＋繰延資産－公表自己資本）」であり、45 億円～50 億円内外の不良化流動資産の存在が疑われる。

第3節　パン洋菓子製造販売業X社の事例研究

1．概況

　前節で取り上げた事例同様、X社は2009年3月に破綻した事例である。

　X社は、西日本における政令指定都市（人口160万人：同市周辺人口260万人）において、「パン洋菓子製造販売（卸・小売）」を営んでいた。直近10年の主要指標をまとめたものが（図表3-11）である。数値は公表決算による。読者はこれを見て、**実態は100億円を超える債務超過**

図表3-11　X社の財務数値の推移

(金額単位：百万円)

		1999年3月	2000年3月	2001年3月	2002年3月	2003年3月	2004年3月	2005年3月	2006年3月	2007年3月	2008年3月
損益状況	売上高	2,502	2,865	3,190	3,299	3,523	4,153	4,695	5,283	5,720	6,141
	売上総利益	1,028	1,198	1,283	1,300	1,320	1,579	1,878	2,061	2,241	2,395
	営業利益	167	232	269	251	286	348	403	425	486	489
	経常利益	132	163	180	194	213	267	302	368	388	400
	当期利益	18	22	24	33	35	50	79	125	159	171
	減価償却	101	142	141	143	141	194	211	210	213	220
	次期繰越金	28	31	35	43	51	56	80	120	279	240
財務状況	総資産	2,570	2,712	2,573	2,589	2,437	3,057	3,790	4,189	4,775	5,536
	自己資本	153	194	218	251	286	336	415	540	699	870
	借入金	1,846	2,250	1,981	1,936	1,799	2,322	2,945	2,918	3,272	3,468
	手形割引	7	0	57	0	0	0	0	0	0	0
	現金・預金	455	277	244	233	227	336	272	271	366	273
	経常運転資金	289	344	342	478	501	540	682	816	1,053	1,216
	固定資金計	1,599	1,828	1,767	1,624	1,441	1,907	2,447	2,665	2,858	3,096
指標	自己資本比率	5.97	7.14	8.47	9.69	11.75	10.99	10.95	12.89	14.64	15.72
	経常収支比率	117.17	98.80	115.03	108.08	107.83	112.20	106.75	115.68	106.77	114.52
	償却前利益	119	165	165	176	176	244	290	335	372	391
	借入金月商倍率	8.888	9.421	7.664	7.042	6.127	6.710	7.527	6.628	6.864	6.776
	受取勘定回転期間	1.79	1.68	1.68	1.86	1.96	1.77	1.84	2.01	2.27	2.48
	棚卸資産回転期間	0.18	0.22	0.26	0.34	0.37	0.34	0.39	0.44	0.45	0.56
	支払勘定回転期間	1.01	0.96	0.90	1.01	0.97	1.12	1.23	1.25	1.35	1.35
	借入金利子負担率	2.69	3.25	2.46	2.40	3.21	3.88	3.66	3.02	3.83	3.57

X社の金融機関からの借入金利は2.55%程度（金融機関取引状況より）
なお、X社の支払い金利の実弾は公表決算書では120百万円

であることを見抜くことができるであろうか。

　毎期順調に売上を伸ばし、2008年3月期には61億円を計上、営業利益489百万円、経常利益171百万円を獲得している。経常収支も2000年3月期に一度マイナスになっているものの、毎期安定してプラスとなっている。売上が急伸している中で、むしろ**気味が悪いくらい、潤沢にキャッシュを獲得しているように見える**。

2．X社の歴史・沿革

　X社は1971年創業で、割烹料理屋としてスタートしたが、その後、パン・ケーキ製造販売に転じ、2004年以降は**積極的に洋菓子店等の買収を展開し業容を拡大**してきた。本社所在地に止まらず、全国に工場を展開し、業績は順調であるとの経営者の説明である（図表3-12）。

図表3-12　X社の歴史

```
業種：パン洋菓子製造販売（卸・小売）
歴史：
      1971年　割烹料理屋として創業
      1984年　法人成り（有限会社）
      1992年　株式会社に転換
         パン・ケーキを製造し、九州、関東地方の百貨店、ホテル、コンビニ
         に納入
      2004年　豆腐、麺の製造会社の株式を取得（2009/2期資本関係解消）
         ※2005年～2007年にかけてA社～G社を買収
         ※この間、商標の買収他、積極的に直営店を展開
         ※同様に、第2工場を県内に新設するほか、関東、中国、九州に相次
           いで工場を建設
```

3．業界の特徴・動向

　図表 3-13 のとおり、市場は成熟、原材料は小麦であり、85％を輸入に頼っている。当時バイオ燃料ブームの影響で米国では小麦のトウモロ

図表 3-13　X 社を取り巻く外部環境

〈業界の特徴〉
1）市場としては成熟。
2）鮮度の問題とスピーディーな商品開発の必要性から海外製品との競合は少ない。
3）固定比率が高く装置産業および労働集約型産業の特色を持つ。
4）一般に川下側である購買側に主導権がある。
5）仕入面について
　・大企業では商社から、中小企業は問屋からの仕入れであり、仕入先、流通チャネルとも衛生関連の整った業者との取引となる。
6）原材料は小麦…85％は輸入
　①製粉原料である小麦は新食糧法（主要食糧の需給および価格の安定に関する法律）に基づき政府の計画管理下にある。
　②下記要因により小麦価格は高騰（注：現在を 2008 年末を想定している）
　　・バイオ燃料ブームの影響で生産地における作付替え
　　・BRICS 諸国の発展に伴う国際的な需要の拡大

〈市場規模〉
1）販売
　①菓子パン小売業（川下）では市場規模は 1991 年で 3 兆円をピークに減少傾向が続く
　②食パン需要はトレンドとして減少
　③その他（フランスパン・ドイツパン・調理パン・菓子パン）については浮き沈みはあるが根強い需要
　④コンビニの台頭はあるが仕入販売型小売店は減少
　　※スーパーの中にフレッシュベーカリーが設置される等、従来の仕入販売型店舗は減少
2）製粉
　小麦粉年間生産量 500 万 t
　パン用（40％）、麺用（33％）、菓子用（12％）、家庭用（3％）、その他（12％）

〈業界トピックス〉
※山崎製パン……2008/12 期出荷分から 500 品目で平均 8％値上げも発表
※日本製粉………2008/11 期出荷分より「オーマイパスタ」や小麦粉等 4〜17％値上げを発表
※東洋水産………2009/1 期出荷分から「マルちゃんブランド」（即席めん、生めん）全商品で 3％〜10％の値上げを発表

図表3-14　小麦価格の高騰

※新食糧法による小麦の民間売渡価格推移		
2007年4月	1.40%	値上げ
2007年10月	10.00%	値上げ
2008年4月	30.00%	値上げ

(円)

卸売価格	強力粉	中力粉	薄力粉
2007年平均	3,640	3,350	3,395
2008年平均	4,257	3,901	3,884
2009年1～5月	4,559	4,197	4,167

コシ等への作付転換、BRICS諸国の発展に伴う国際的な需要の拡大から小麦価格は高騰している（図表3-14）（2009年時点）。なお、「図表3-13」および「図表3-14」については、本章第2節で示したとおり、**業種別融資取引推進ガイド、業種別審査事典、業界紙、シンクタンク等で容易に把握**できる。

4．矛盾点・疑問点

　前節同様に、①業種的に見て売上高の推移が異常、②経常収支に異常、③低位横並びの利益計上、④回転期間（受取・棚卸・支払各勘定）の異常、⑤決算書不連続、⑥不自然な法人税充当額、⑦金利負担率に異常、の7つの視点[※]で検証してみよう。

　　※拙著「ベテラン融資マンの知恵袋」第2章第5節『粉飾発見のポイント』を参照。

（1）**売上高推移は明らかに異常**である。成熟産業にもかかわらず急上昇している。

その理由はM&A（A社〜G社計7社）によるグループの業容拡大との説明であるが、買収必要資金に不透明感がある。

(2)売上が急増している場合、**経常収支**は一般に厳しく出るものであるが、X社の場合、かえって**潤沢すぎて違和感**がある。

(3)一見、受取勘定回転期間も棚卸勘定回転期間も増加傾向にはあるが、特段の異常感は見えないようにも思える。しかし、**合計「受取勘定回転期間＋棚卸勘定回転期間」で見ると2004年3月期以降の意図的な操作が強く疑われる**。

(4)何よりも、小麦粉を扱う業界大手であっても、原材料である小麦価格の高騰で業績が圧迫され、赤字に耐えられなくなって値上げに踏み

図表3-15　7つの視点からみるX社の異常ポイント

	指摘事項	指摘理由
1	売上高推移異常	①成熟産業にも関わらず売上急増しており異常 ・理由はここ数年のM&A（A社〜G社計7社）によるグループの業容拡大との説明であるが、買収必要資金に不透明感がある。 ②全体的に右肩上がりに見えるが、特に2004/3期以降の動きが不自然。
2	経常収支の異常	売上が激しく増加するなかで経常収支が潤沢すぎる。
3	在庫推移に異常	多額な不良在庫、架空在庫が疑われる。 ・回転期間の異常な上昇が認められる。 ※受取勘定回転期間＋棚卸勘定回転期間の合計を見てみると、目立たない様に意図的に操作されている可能性が強い。特に2004/3期以降に意図的な操作が強く疑われる。 | | 04/3 | 05/3 | 06/3 | 07/3 | 08/3 | |---|---|---|---|---|---| | 受取勘定回転期間 | 1.77 | 1.84 | 2.01 | 2.27 | 2.48 | | 棚卸勘定回転期間 | 0.34 | 0.39 | 0.44 | 0.45 | 0.56 | | 合計 | 2.11 | 2.23 | 2.45 | 2.72 | 3.04 |
4	小麦粉価格上昇	小麦粉価格上昇局面で過去と同水準の利益率を計上しており違和感がある。 ・小麦粉を大量消費する代表的な企業でも、この時期原料価格の高騰に苦しめられていたという事実がある。

きっているにもかかわらず、**X社が黒字決算を行っている点の説明がつかない**。X社からは、グループで使う小麦を一括で大量仕入れすることで値引きを引き出し、コストダウンにつながっているという説明であるが、**小麦価格は政府の統制下**にある。

以上を整理すると図表3-15のとおりである。

5．関連会社に対する疑問

X社は2004年以降、全国的に企業買収を繰り返し、業容の拡大を行ってきた。その企業の業績をまとめたものが（図表3-16）である（グループ会社の業況（公表）は「図表3-18」「図表3-19」を参照）。

買収した関連会社だけで、直近期で1,623百万円（図表3-16中Ⓑ+Ⓒ）のキャッシュフローを生んでいる。**EBITDAは3,065百万円（同Ⓐ+Ⓒ）内外**を生み出している。これだけのキャッシュフローを生み出す会社を手に入れるには一体**どれだけお金がかかる**のであろうか…？

1つの目安として企業価値を見積もる場合、EBITDA倍率が使われることが多い。一般的に、事業価値はEBITDAの6倍から8倍が

図表3-16　買収企業の合計財務数値

百万円

	当社	関連会社合計	合計
売　上　高	6,141	38,936	45,077
売　上　原　価	3,746	27,765	31,511
売　上　総　利　益	2,395	11,171	13,566
販　売　管　理　費	1,907	9,327	11,234
営　業　利　益	488	Ⓐ 1,844	2,332
営　業　外　収　益	37	115	152
営　業　外　費　用	125	427	552
経　常　利　益	400	1,532	1,932
特　別　利　益	0	641	641
特　別　損　失	180	1,661	1,841
税　引　前　利　益	220	512	732
法　人　税　等	50	110	160
当　期　利　益	170	Ⓑ 402	572
前　期　繰　越　利　益	174	-77	97
当期末処分利益	344	325	669
次　期　繰　越　金	344	305	649
平　均　月　商	512	3,244	3,756
減価償却実施額	220	Ⓒ 1,221	1,441
合　算　自　己　資　本	870	3,226	4,096
グループ調整後自己資本	870	2,837	3,707

図表 3-17　買収資金からみる矛盾

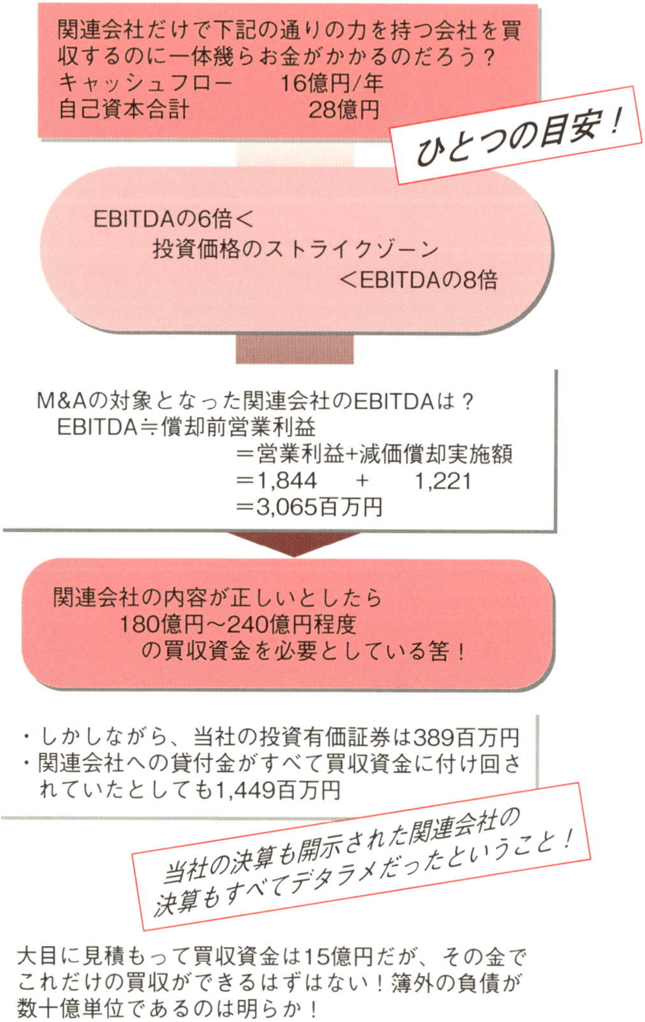

関連会社だけで下記の通りの力を持つ会社を買収するのに一体幾らお金がかかるのだろう？
キャッシュフロー　　　16億円/年
自己資本合計　　　　　28億円

ひとつの目安！

EBITDAの6倍＜
　　投資価格のストライクゾーン
　　　　　　　　＜EBITDAの8倍

M&Aの対象となった関連会社のEBITDAは？
EBITDA≒償却前営業利益
　　　　＝営業利益＋減価償却実施額
　　　　＝1,844　＋　1,221
　　　　＝3,065百万円

関連会社の内容が正しいとしたら
180億円〜240億円程度
の買収資金を必要としている筈！

・しかしながら、当社の投資有価証券は389百万円
・関連会社への貸付金がすべて買収資金に付け回されていたとしても1,449百万円

当社の決算も開示された関連会社の決算もすべてデタラメだったということ！

大目に見積もって買収資金は15億円だが、その金でこれだけの買収ができるはずない！簿外の負債が数十億単位であるのは明らか！

ストライクゾーンだと言われる。つまり180億円から240億円の買収資金を必要としたはずである（図表3-17）。しかしながら、X社の投資有価証券は389百万円であり、関連会社への貸付金がすべて買収資金に付

け回されていたとしても1,449百万円であり、**簿外の負債が数十億円の単位であることは明らかである。**

本件の粉飾の手口は、金融機関取引状況の改ざんである。金融機関借入を実際より少なく決算書に計上し、債務超過を帳簿上隠していた事例である。**破産手続きの中で113億円の粉飾が暴かれた**事例でもある。

図表3-18　グループ会社の業況（P/L）

	X社 08/3	A 07/6	B 07/8	C 07/12	D 08/3	E 08/4	F 07/6	G 07/9	総合計	A～G 合計
売上高	6,141	2,084	1,516	2,851	27,254	2,052	1,108	2,071	45,077	38,936
売上原価	3,746	1,427	856	1,697	19,712	1,817	932	1,324	31,511	27,765
売上総利益	2,395	657	660	1,154	7,542	235	176	747	13,566	11,171
販売費・一般管理費	1,907	508	592	1,085	6,336	138	151	517	11,234	9,327
営業利益	488	149	68	69	1,206	97	25	230	2,332	1,844
営業外収益	37	11	0	19	35	44	1	5	152	115
受取利息配当金	0	0	0	0	26	10	0	0	36	36
その他	37	11	0	19	9	34	1	5	116	79
営業外費用	125	22	14	21	225	87	9	49	552	427
支払利息・割引料	120	0	12	21	140	43	0	13	349	229
その他	5	22	2	0	85	44	9	36	203	198
経常利益	400	138	54	67	1,016	54	17	186	1,932	1,532
特別利益	0	0	0	23	422	196	0	0	641	641
固定資産売却益	0	0	0	0	0	196	0	0	196	196
その他	0	0	0	23	422	0	0	0	445	445
特別損失	180	60	28	24	1,158	245	8	138	1,841	1,661
固定資産売却損	132	0	10	5	94	183	0	118	542	410
その他	48	60	18	19	1,064	62	8	20	1,299	1,251
税引前当期利益	220	78	26	66	280	5	9	48	732	512
法人税充当額	50	20	0	4	73	3	0	10	160	110
当期利益	170	58	26	62	207	2	9	38	572	402
前期繰越利益	174	23	▲40	▲81	▲29	41	▲1	10	97	▲77
利益準備金取崩	0	0	0	0	0	0	0	0	0	0
当期未処分利益	344	81	▲14	▲19	178	43	8	48	669	325
次期繰越金	344	81	▲14	▲19	178	43	8	28	649	305
平均月商	512	174	126	238	2,271	171	92	173	3,757	3,245
減価償却実施額	220	76	28	77	913	47	11	69	1,441	1,221

図表 3-19　グループ会社の業況（B/S）

		当社 08/3	A 07/6	B 07/8	C 07/12	D 08/3	E 08/4	F 07/6	G 07/9	総合計	A～G 合計
	現預金	273	54	43	119	480	220	9	60	1,258	985
	受取手形	0	0	0	8	1	0	0	0	9	9
	売掛金	1,320	335	206	339	2,517	387	104	301	5,509	4,189
	棚卸資産	360	119	101	50	266	129	43	98	1,166	806
	その他	487	84	35	22	336	910	6	60	1,940	1,453
流動資産計		2,440	592	385	538	3,600	1,646	162	519	9,882	7,442
	有形固定資産	1,889	267	323	508	10,474	1,046	53	226	14,786	12,897
	無形固定資産	4	0	1	5	39	3	1	6	59	55
	投資その他	1,203	0	29	105	1,459	73	10	103	2,982	1,779
固定資産計		3,096	267	353	618	11,972	1,122	64	335	17,827	14,731
繰延資産計		0	0	0	0	16	10	0	0	26	26
資産合計		5,536	859	738	1,156	15,588	2,778	226	854	27,735	22,199
	支払手形	0	0	0	0	0	0	0	0	0	0
	買掛金	464	137	101	339	1,570	194	76	194	3,075	2,611
	短期借入金	730	0	0	0	4,592	1,501	0	0	6,823	6,093
	その他	734	166	233	224	1,748	118	50	227	3,500	2,766
流動負債計		1,928	303	334	563	7,910	1,813	126	421	13,398	11,470
	長期借入金	2,738	350	370	400	1,605	493	52	350	6,358	3,620
	その他	0	0	0	0	3,671	212	0	0	3,883	3,883
固定負債計		2,738	350	370	400	5,276	705	52	350	10,241	7,503
負債合計		4,666	653	704	963	13,186	2,518	178	771	23,639	18,973
	資本金・剰余金	526	125	48	212	2,224	217	40	35	3,427	2,901
	当期末処分利益	344	81	▲14	▲19	178	43	8	48	669	325
資本合計		870	206	34	193	2,402	260	48	83	4,096	3,226

第3章 事例に学ぶ財務実態把握

第4節　建設業等受注型産業の粉飾の見抜き方

本節では、建設業等受注型産業で行われる粉飾の手口と見抜き方について解説する。

1．受注型産業が持つ運転資金の特徴

受注型産業の場合、受注と納入の時期によって収支が大きく動くことから、経常収支比率の推移は、さほど重要ではない。

受注型産業の運転資金には、次の3点の特徴がある。つまり、「受注

図表 3-20　受注型産業が持つ運転資金の特徴

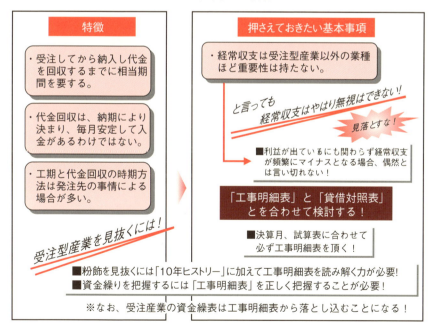

99

して納入し代金を回収するまで相当期間を要する」「代金回収は、納期により決まり、毎月安定して入金があるわけではない」という特徴である（図表3-20）。

それだけに、**工事明細表が重要であり、これを読み解く力を求められる**。

２．工事進行基準を悪用した粉飾の手口

工事進行基準とは、**工事の進行度合いにより収益を計上する基準**のことをいう。

工事の進捗に合わせて見積原価の30％を協力会社に支払っておけば、請負金額の30％を売上に計上できることになる。この仕組みを悪用した建設業等の粉飾は多い。

具体的に考えてみよう（図表3-21）。工期が2年、工事請負額が100億円、見積り工事原価が70億円という工事をA社が受けているとする。

着工1年目に見積り工事原価（70億円）の30％の21億円を協力会社等に代金として支払っておけば、請負金額（100億円）の30％の30億円を売上に計上できるというのが工事進行基準である。

この仕組みを利用して、**実際には21億円しか支払っていないにもかかわらず、協力会社に虚偽の請求伝票を作らせ、見積原価の70％にあたる49億円を支払ったように見せかける**ことで、70億円（請負金額の70％）の売上を計上できることになる。言い換えると、利益を21億円生み出したように見せかけることができる。つまり、この操作で**12億円の利益を水増しできる**ことになる。

公共工事発注機関（地公体等）は、適正な公共工事の施工を確保するためには、工事の規模及びそれに必要な技術水準等に見合う能力のある

図表 3-21 工事進行基準の悪用例

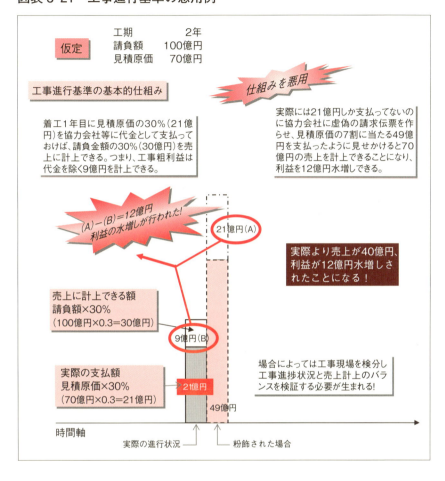

建設業者に工事を発注する必要があることから、入札の参加に必要な資格及び条件を定め、入札に参加しようとする建設業者がその資格や条件を有するかどうかについて審査する。これを**経営事項審査制度（経審）**というが、**公共工事受注には経審に合格する必要があるため、工事進行基準を悪用し粉飾に手を染めるケースは多い**。これは未出現利益の先食

いであり、継続的に新たな工事を受注できなかった場合、財務悪化が白日の下にさらされることになり、破綻につながっていく。

3．受注工事明細の偽造

　利益の**先食いも限界に来ると、受注工事明細の操作**がはじまる。実際には受注してもいない工事を、あたかも受注しているがごとく見せかけようとする。これによって、工事出来高未収金を水増しすることで、赤字資金等の調達を図ろうとする動きが生まれる。場合によっては受注契約書の原本の確認にとどまらず、工事現場へ出向き、工事着工の確認あるいは進捗程度の確認が必要となる場合もある。

　工事明細表を検証する場合、「その他工事」としてまとめられている中に、多額の工事出来高未収金が存在すると要注意である。**運転資金を算定する場合、その工事出来高未収金を控除して考える必要**が生まれる。

　考えたくないが、筆者が審査役時代の経験では、この類の粉飾（工事明細表の作為の改ざん）は顧客企業ではなく、金融機関の営業店サイドで行われることが多かった。残念なことである。事実は事実として認めたうえで、支援するなら、その合理的理由を明確にする努力をしてほしい。

　また、手直し工事等で追加に費用が発生しているが、施主に請求できない工事出来高未収金が計上されている例もある。当然これも払ってもらえない以上、運転資金算定の折、工事出来高未収入金から控除する必要がある。完成工事未収入金の中に相当額請求できないものが上がっているケースがあるので注意を要する。

4．受注型産業の運転資金算定に利用する2つの算出方法

　受注型産業の運転資金を算定するには、受注工事明細書を基本に算定するのが基本である。一方、公表決算書から算出できる長短運転資金を比較してみると、二重引当や目的外利用の可能性を判断できる。受注工事明細書を操作することで、運転資金を膨らませて赤字資金等に充当しているケースも、比較的よく見かける。

(1) 受注工事明細書から導き出す

　受注型産業の運転資金は、**工事出来高未収金＋固定性預金＋その他（その他流動資産－その他流動負債）**で示される。在庫も含まれるが、通常、工事に合わせて必要な資材を発注するため在庫は些少であるケースが多

図表 3-22　受注型産業の運転資金の把握方法

運転資金（下記の合計）	備考
工事出来高未収金	工事明細表から算出できる
固定性預金	決算書等から確認する。ただし、純粋な余剰資金に限る。定期担保融資等で資金化されている場合は除く。
その他流動資産[※1] － その他流動負債[※2]	その他流動資産からその他流動負債を控除する。なお、在庫も含まれるが、通常、工事に合わせ必要な資材を発注するため在庫は些少であるケースが多い。決算書上に在庫が多い場合、その資産性の確認は必要である。失敗し流用できない資材が資産価値があるように見せかけられていることもある。

※1 その他流動資産：前渡金・未収入金・前払費用・仮払金・短期貸付金・その他。ただし、不良化したものは除く。
※2 その他流動資産：未払金・未払税金・未払費用・前受金・前受収益・その他。ただし、未払金・未払費用に工事に関係するものが含まれている場合は控除する。

い。

　なお、受注型産業の場合、一般に、工事代金の受領を引当てに当該請負工事の運転資金に充当する**工事引当金融資**※が行われる。資金力に乏しい中小企業の場合、事前に十分な資金を用意できないことから、この融資方法が本来当該企業にとって望ましい融資手法とも言える。

　※**建設業等受注型産業の場合、請け負った工事代金は建設が完了した時点で受注業者から支払われるのが一般的である。一方、資材の調達や人件費等工事を施工する際には、手元に資金をある程度自前で用意する必要がある。しかし、資材費や人件費は規模が大きくなればなるほど高額になるため、自前で用意することが難しくなる。このような場合、工事代金を返済の引当てに融資を行う。これを工事引当金融資という。**

　　工事引当金融資で、必要な資金を支払うことができるが、融資されたお金を目的外に使用してしまうと返済ができないことになり問題を生じる。

(2) 決算書、試算表から表面上の運転資金を算出

　決算書や試算表から導き出す場合の**長短運転資金**とは、図表3-23に示したとおりである。

　融資を一筆ごとに見てみると、融資を実行した時点に稟議に記されていた資金必要理由が示してある。その**運転資金名目の貸出金を合計したものではない**。貸借対照表上、運転資金に当たっている部分が長短運転資金合計ということになる。つまり、融資金全体が、バランスの中で何に当たっているかで判断する。

　練習に、図表3-24に示したB／Sを用いて、公表決算上で運転資金に当たっている金額を算出してみよう。

　有利子負債は、1,123百万円（短期借入金（237）＋社債（125）＋長期

借入金(761))である。一方実質長期債務は369百万円(固定資産(566) + 繰延資産(8) - 公表自己資本(205))である。つまり、長短運転資金借入は、貸借対照表から算定すれば754百万円(1,123 - 369)ということになる(図表3-25)。

図表3-23　長短運転資金のイメージ

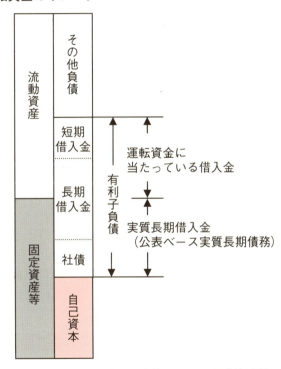

長短運転資金借入額＝有利子負債合計－{(直近決算における固定資産等
　　　　　　　　　　－直近決算における公表自己資本)
　　　　　　　　　＋直近決算以降の設備投資額}
※公表決算ベースの実質固定債務＝直近決算における固定資産等－直近決算
　　　　　　　　　における公表自己資本

図表 3-24　練習用 B/S

(単位：百万円)

資産の部	2010/06	負債・資本の部	2010/06
現　　預　　金	153	支　払　手　形	405
受　取　手　形	189	買　　掛　　金	112
売　　掛　　金	616	短　期　借　入　金	**237**
有価証券（ＴＢ／現先）	26	未　　払　　金	2
当　座　資　産　計	984	未　払　税　金	3
商　　　　　品	80	未　払　費　用	0
製　品・半　製　品	0	前　　受　　金	0
原　　材　　料	128	未成工事受入金	0
仕掛品・未成工事支出金	49	前　受　収　益	0
貯蔵品・その他	0	賞与引当金等	0
棚　卸　資　産　計	257	そ　　の　　他	11
前　　渡　　金	24		
未　　収　　金	0		
前　払　費　用	5		
仮　　払　　金	335		
短　期　貸　付　金	14	流　動　負　債　計	770
そ　　の　　他	0	社　　　　　債	**125**
そ　の　他　資　産	45	長　期　借　入　金	**761**
△　貸　倒　引　当　金	0	退職給与引当金	0
流　動　資　産　計	1,287	そ　　の　　他	0
建物・構築物	121		
機　械　装　置	29		
工具・器具・備品	18	固　定　負　債　計	886
賃貸資産・その他	0	特別法上の準備金	0
土　　　　　地	241		
建　設　仮　勘　定	0		
有　形　固　定　資　産　計	409	負　　債　　合　　計	1,656
無　形　固　定　資　産　計	4	自　　己　　資　　本	50
投　資　有　価　証　券	10	資　本　準　備　金	0
長　期　貸　付　金	0	利　益　準　備　金	10
そ　　の　　他	143	その他剰余金	145
△　貸　倒　引　当　金	0	任　意　積　立　金	0
投資その他資産計	154	当期未処分利益	145
固　定　資　産　計	566	（うち当期利益）	(6)
繰　延　資　産	8	資　本　合　計	**205**
資　産　合　計	1,861	負債・資本合計	1,861

有利子負債 ＝ 237 + 125 + 761

公表固定資産等（固定資産＋繰延資産）＝ 566 + 8

公表自己資本 ＝ 205

図表 3-25　練習用 B/S に基づく長短運転資金の算出

（単位：百万円）

実質長期債務

公表固定資産等	574	公表固定資産＋繰延資産
公表自己資本	205	
実質長期債務	369	公表固定資産等－公表自己資本

有利子負債

短期借入金	237
長期借入金	761
社　　債	125
有利子負債	1,123

∴運転資金に当たっている借入金
　＝有利子負債　－　実質長期債務
　＝1,123－369
　＝754

5．粉飾発見の着眼点

　まず、**決算書、試算表に合わせた受注工事明細を入手**することが重要である。わずか数カ月とはいえ、作成基準日の違うもので比較しても意味がない。

　工事明細表をベースに算出できる運転資金（A）と決算書や試算表等から見えてくる長短運転資金の合計（B）を比較してみることになる。

(A) 工事出来高未収金＋固定性預金＋その他（その他流動資産－その他流動負債）

(B) 長短運転資金借入額
　　＝有利子負債合計－｛（直近決算における固定資産等－直近決算にお

ける公表自己資本）＋直近決算以降の設備投資額｝

（A）＞（B）であるなら、正常に運転資金が調達されていることを示している。一方、（A）＜（B）であるなら、必要とする運転資金以上のものが運転資金として調達されており、差額は「不良なもの（赤字資金を含む）」もしくは簿外に資金の流出が疑われる（図表3-26）。

図表3-26　2つの運転資金算出を通じた粉飾の発見

	読み方	備考
(A)＞(B)	正常に運転資金が調達されていることを示す。	・工事明細にその他工事が多く計上されている場合は作為的に工作されていることがあるので注意を要する。 ・受注が確認できない工事、着工が確認できない工事についても注意する。 ※上記状況があることが判明した場合には該当する工事の工事出来高未収金を控除して判定する。
(A)＜(B)	必要とする運転資金以上のものが調達されており、差額は「不良なもの」もしくは簿外に資金の流出が疑われる。	・差額を実態バランスから控除し、実質自己資本を再度把握することが必要。 ※格付実施時に決算時の工事明細を徴求し、工事明細表ならびに工事明細表付表を作成することが望ましい。

第4章

ビジネス俯瞰図、SWOT分析を用いた事業性評価（理解）

営業店の現場では、SWOT分析を進める上で必要な情報を、余すことなく開示してもらえることは少ない。**限られた情報と時間の中で、観察と会話を通じて実態の把握を進めること**が求められる。場合によっては一部推論を残したまま、事業性評価（理解）し、融資取組みの是非を判断しなければならない。継続的な取組みを繰り返すことで、顧客との対話が深まり、推論とせざるをえなかったところも、確証に変わる。時間をかけて信頼関係を構築することで、親密な取引関係ができあがる。

本章では、**営業店で遭遇する場面を想定し、仮説と検証を繰り返すことで事業性評価を試みた事例**を紹介する。なお、本事例は研修用にアレンジしてあり、実在する企業とは異なる点をお断りしておく。

また、第2章で述べたとおり、中小零細企業の事業性評価（理解）には別の視点もある。すべての企業にビジネス俯瞰図／SWOT分析等が必要というわけではない点に留意頂きたい。ビジネス俯瞰図を効率よく作成できるようになるには、熟練と経験が必要である。SWOT分析も同様のことが言える。大切なのは、思考パターンを身につけることである。

第1節 「和洋中華等業務用食品卸」および 「Ｓ（水産加工品）製造販売」Ａ社の事例研究

1．概況

Ａ社は、地方の県庁所在地（政令指定都市）に本社を置く、食料品卸業者であり、取扱いは、和洋中華等業務用食品卸（60％）とＳ（水産加工品）製造販売（40％）という割合である。

第4章　ビジネス俯瞰図、SWOT分析を用いた事業性評価（理解）

　創業は古く、1927年の米穀商開業に始まる。先の大戦の関係で一時期に米問屋を廃業し、戦後1946年乾物卸業として再開した。一方、S（水産加工品）製造販売は、1960年頃から、量産化の研究を行い、成功した老舗業者の1つである。そもそも、この商品は、手作業の手間のかかる工程を必要として量産に向かなかったことから、周辺地域でソウルフードとして食べ継がれてきたに過ぎなかった。しかし、1970年代の交通網の整備に合わせ、土産物としての手頃感等もあり、一気に全国に知られるところとなった。そして、老舗業者の多くは、大きく業績を伸ばした。

　業界トップ企業は、年商140億円（2008年）の企業に成長している。また老舗数社でシェア50％を超える寡占業界でもある。一方、A社のこの部門は老舗業者でありながら、年商15億円に満たない水準で推移している。また、売上は漸減し、直近2期は最終赤字を計上し、急速に経営が悪化していることが伺われる。

　A社を取り巻く事業環境は、景気低迷の影響に加え、中国の食の安全問題[※1]から、外食産業は冷え込んでおり、業務用食材を扱うA社もその影響を受けた。S（水産加工品）製造販売においても、中国国内での一次加工[※2]が警戒され、多くの同業者は苦境に追い込まれ、破綻した先も多い。A社も例外なく、環境の悪化から業績が急速に悪化したと思われる。

※1　業界トピックス（図表4-4）を参照

※2　原材料はTAC制限品目（漁獲可能量制限品目）であるが、一次加工品はIQ品目（輸入割当数量対象品目）から外れる点に着目し、同業者の多くは、中国に一次加工のための工場を置いていた。世間では、この特定水産加工食品の原材料は輸入ものであり、しかも一次加工は中国で行っているとのイメージが定着している。

和洋中華等業務用食品卸は、社歴に見合う取引基盤があり、川下である外食産業の動向に左右はされるものの、一定の安定性は期待できる。一方、S（水産加工品）製造販売では、「排他的経済水域※、水産資源枯渇」は、一時的な課題ではない。業界が寡占の状況にあると同時に、原材料の確保が困難となる状況が予測される中では、特定水産加工食品製造販売の将来性に向けて不安が募る状況にある。最近（2009年）では同業界の業者の破綻のニュースも度々報道される状況にある。

※　排他的経済水域については業界トピックス（図表4-4）参照

<A社の概要>

　A社は、食料品卸（60%）、水産加工品製造販売（40%）を生業とし、地方の県庁所在地（政令指定都市）に本社、東京と大阪に支社を置き、本社所在地に特定水産加工食品の2次加工工場を持つ。1次加工は北海道の協力会社で行い、関連会社2社という布陣である。

○和洋中華等業務用食品卸
　　・主要仕入先…国内主要食材メーカー、輸入食材商社等
　　・販売先…本社所在地（政令指定都市）におけるレストラン、百貨店、ホテル等

○S（水産加工品）製造販売部門
　　・主要仕入先…国内水産業者、魚市場、輸入商社
　　・販売先…本社所在地（政令指定都市）においてはA社から、関東・大阪については㈱A食品コーポ（関連会社）を通じ、レストラン、百貨店、ホテル等、空港、JRに幅広く提供
　　※なお、関東、大阪では特定水産加工食品以外についての販促活動は行っていない。

第4章　ビジネス俯瞰図、SWOT分析を用いた事業性評価（理解）

<A社の沿革>

　1927年3月　　米穀商として創業

　1939年3月　　戦争の影響で米が配給制度となり廃業

　1946年3月　　食料品卸（乾物卸）として再開

　1962年3月　　法人成り（S（水産加工品）製造販売としては老舗の1つ）

　1975年3月　　東京出張所開設

　1983年3月　　大阪出張所開設

<A社の特徴（A社HPに記載あり）>

・物流部門を自社で保有

・水産物の一次加工は北海道の提携水産加工会社で行う

・ISO9001を取得並びに従業員に徹底、配送中の温度管理も徹底管理

<特定水産物加工業界の特徴（業種別融資取引推進ガイド他）>

・原材料はTAC制限品目（漁獲可能量制限品目）、かつIQ品目（輸入割当数量対象品目）

・水産加工品の原材料仕入れ時期は、12月～2月

・1970年代の交通網の整備により、本社所在地を中心とした限られた地域で食されていたものが、一気に全国区となり、大市場である関東への市場拡大により老舗企業は大きく業績を伸ばした。業界トップ企業は零細な乾物商からスタートし、現在は当商品専業業者として年商140億円に成長

・当業界は排他的経済水域の設定以降、原材料の確保が喫緊の課題となり、2000年のロシアの中央ベーリング海での創業一時停止は、当業界に深刻な打撃を与えた（業界トピックス（図表4-4）を参照）

・2000年以降、同業者の多くは中国に1次加工工場を開設。

図表 4-1　A社の主要勘定推移（公表ベース）

単位：百万円

	2004/3	2005/3	2006/3	2007/3	2008/3	2009/3
売 上 高	3,399	3,390	3,355	3,293	3,199	3,103
粗 利 益	1049	1032	1016	1027	992	889
営 業 利 益	138	134	113	132	41	1
経 常 利 益	145	124	105	120	24	20
税 引 前 利 益	144	123	83	124	24	▲3
法 人 税 等 充 当 額	70	67	59	40	56	27
当 期 利 益	74	56	24	84	▲32	▲30
有 形 固 定 資 産	1,097	1,080	1,061	1,049	1,031	1,018
（内、減価償却）	361	344	326	313	295	283
販管費の租税公課	29	27	24	18	26	12
製造費用の租税公課	開示なし	開示なし	開示なし	開示なし	開示なし	開示なし
販売管理費の減価償却	33	30	29	25	27	26
製造費用の減価償却	開示なし	開示なし	開示なし	開示なし	開示なし	開示なし
売上債権回転期間	2.84	2.90	3.00	3.08	3.15	3.07
棚卸資産回転期間	0.82	0.93	1.14	1.25	1.28	1.30
買入債務回転期間	0.95	0.97	0.96	1.12	1.14	0.95
借入金利子負担率	0.64	0.66	0.67	0.90	1.17	1.08

・2009/3期営業外収益その他に税還付15百万円

図表 4-2　A社の貸借対照表概要（公表ベース）

単位：百万円

	2007/3	2008/3	2009/3
現預金	199	167	196
売掛債権	859	818	772
棚卸資産	340	341	331
固定資産	1298	1291	1242
資産の部	2,716	2,646	2,550
買入債務	241	178	173
借入金	1,713	1,750	1,700
短期借入金	1,670	1,750	1,700
長期借入金	43	0	0
割引手形	0	0	0
負債の部	2,131	2,103	2,037
資本金	100	100	100
剰余金	485	443	413
資本の部	585	543	513

第4章 ビジネス俯瞰図、SWOT分析を用いた事業性評価（理解）

図表 4-3　A社の金融機関取引状況

単位：百万円

	2005/3	2006/3	2007/3	2008/3	2009/3
当行	140	140	140	140	130
隣県中堅地銀	420	420	420	420	420
メガB/C	448	425	413	390	390
地元大手地銀	410	410	410	410	400
隣県中堅地銀	140	140	140	140	130
その他	240	250	250	250	230
合計	1,798	1,785	1,773	1,750	1,700

図表 4-4　業界トピックス（業種別審査事典、業種別融資取引推進ガイド、業界紙、ニュース他）

①相次ぐ中国における食の安全問題
　2002年　香港での毒菜事件
　2003年　中国茶からDDT検出事件
　2004年　安微省偽粉ミルクによる幼児死亡事件
　　同年　残留農薬検出事件
②排他的経済水域問題
　1982年　海洋法条約で成立
　1994年　発行
　1996年　我が国批准
③中央ベーリング海の漁場から事実上締出し
　1996年　「中央ベーリング海〇〇資源の保存管理に関する条約」
④ロシアの中央ベーリング海における〇〇資源の操業停止
　2000年　ロシアは資源保護を理由に一時的に中央ベーリング海でのロシア国籍の漁船の操業も禁止した。
※水産加工用食品の原材料の調達は、水産加工食品製造卸売業における今後の存亡を左右する課題となっている。

2．疑問点

　営業の現場では、金融機関が求める情報が十分に開示されているケースは少ない。与えられる情報も、メインとサブメイン以下とでは大きく違うというのが現実である。それだけに企業に向き合い、観察し、会話するということが重要になる。

　一方、一所懸命ヒアリングをかけても、なかなか本当のところを話してもらえないというのが現実である。しかし、情報開示が不十分ということで当社の事業性評価を諦めたのでは、取引基盤を失うだけである。したがって、**現場では、疑問点を見つけ「仮説」を立てて経営者にぶつけ、ヒアリングや観察で「検証」することが重要**である。その過程が、お互いの信頼関係の醸成につながり、時としてメインが見落としている事業性に気が付き、頼りになる金融機関として、取引深耕につながり、安定した収益を生み出すことにつながる。

　疑問点は多岐に亘る。また、過去、A社は大きな収益力を誇り、優良な内容を誇ってきたと思われるが、当行は非メインであることから十分な情報は開示されていない。一方、現状は、急速な業績の悪化が見られ、経営者も不安に感じているというのが事実であろう。こんな状況の時、「事業性評価」のためといえども相手のプライドを傷つけることになる**「根掘り葉掘り」のヒアリングは避けたい。手元にある財務情報と現在知り得る事実から把握できる疑問点（矛盾点）を整理し、質問のポイントを絞ってヒアリングを仕掛け**ることが肝要である。

　本件についても様々な疑問が浮かびあがるが、以下(1)～(5)の5点に絞ってヒアリングを掛けることにする。

第4章　ビジネス俯瞰図、SWOT分析を用いた事業性評価（理解）

図表4-5　疑問点

> ① A社は老舗企業のひとつながらS（水産加工品）製造販売では年商12億円〜14億円程度で、業界の成長の歴史から考えて不自然（開示は十分でなく、部門別損益等開示されていない）。
> ② 2007/3期以降、急速に業績が悪化。
> ③ 法人税充当額に異常感
> ・2008/3期の税引前利益24百万円に対し法人税充当額56百万円となっており異常に多い
> ④ 在庫水準が低すぎる
> ・特定水産加工品の原材料は12月〜2月が仕入時期という特殊性がある。当社決算が3月であることを考えると在庫水準が低すぎるように見える。
> （試算）
> 　月商1億円、仕入原価率40％と仮定しても、水産加工品製造のための原材料だけで480百万円程度の在庫を必要とする。しかし、A社の棚卸額は月商約260百万円に対し1.30カ月分（340百万円程度）であり、問屋部門が60％を占めることを考えると明らかに異常
> ⑤ 物流部門を持つ意味は？
> ・自社で流通部門を保有しており非効率ではないか？
> ※A社のホームページを見ると、自社で物流部門を保有しているということがわざわざ書かれている。

（1）老舗としての強みを活かせない理由

　S（水産加工品）製造販売では**老舗なのに、A社はこの分野が大きく伸びていない**のはなぜか？　せっかく過去にチャンスがありながら伸ばさなかった理由を知りたい。

　A社は老舗企業の1つながら、特定水産加工品製造卸分野では年商12億円〜14億円程度で、**業界の成長の歴史から考えて不自然**である。この分野で活躍する企業は業界トップ企業を含め、1970年代後半から10年で大きく業績を伸ばしている。

　この問に対する経営者の回答は、「当社の本業は食品の卸問屋である。

一流のお店に、一流のものを小回りよく卸すというのが我が社のモットーであり、その信用で事業を行ってきた。Ｓ（水産加工品）製造販売は、その意味では本業ではない。『従は主を超えない』という考えを守って取り組んできた結果である。副業が、少し儲かるといって、そちらにシフトすると、結局本業が疎かになり、屋台骨を揺るがすことになる」というものである。

　この問に対しては**一つの仮説**が立つ。同業者は中国に一次加工工場を開設しているにも関わらず、Ａ社は漁場（排他的経済水域は無視）に近い北海道の協力工場を持っているという点が注目に値する。言い換えると国内産の質の良い原材料を安定的に調達できる力を持っている可能性があるということだ。とするならば、Ａ社の特定水産加工食品の安全性には問題がないということになる。

(2) 急速な業績悪化の背景

　好業績を誇っていたＡ社が最近２期で急速に業績を悪化させているのはなぜか？

　この問に対しては、「外食の不振の影響は、ここ数年の売上の微減という形で現れていた。しかし、ここに来て中国の食の安全問題が立て続けに表面化した。Ｓ（水産加工品）製造販売場面で、他社は効率化と仕入の問題※から中国で一次加工を行うが、当社は国内産の原材料を国内で一次加工を行っている。したがって、影響は少ないと甘く見ていたが、見通しを誤った」ということであった。

　(1)で示した**仮説が裏付けられた**ことになる。1970 年代に業界が急成長した時代、多くの同業者は仕入価格の安い輸入水産品に頼り、国内水産業者の関係が希薄となる中、Ａ社は拡大路線を取らなかった。むしろ、本業である高級志向の料亭・ホテル・百貨店向けの商品生産に注力して

きた経営方針が、現在でも希少な国内産の原材料の調達力につながっている。輸入原材料に頼る同業者とは違う強みを持っているということだ。

※仕入の問題：S（水産加工品）製造販売の原材料はTAC制限品目（漁獲可能量制限品目）、かつIQ品目（輸入割当数量対象品目）であるが、一次加工品はIQ品目の対象から外れる。そのため、原材料を輸入に頼る同業者は中国に競って加工工場を建設したという背景がある。

(3) 法人税充当額に異常感？

2008年3月期の税引前利益24百万円に対して法人税充当額は56百万円となっており、異常に多い。合わせて、翌2009年3月期に営業外収入として税還付15百万円とある。

実は税金還付15百万円が気になった。社長は2008年3月期途中までは、2007年3月期と同様の利益が出ると業績予想していたのではないか…という疑問である。とすると、中間納税の減額申請をしないまま、下期になって急速に業績が悪化したことになる。そうであるなら、2008年3月期の異常感は納得できる。「この自信はどこに根拠があるのだろうか？」。A社の事業性を理解する鍵はこのあたりにあるのかもしれない。

この問に対しては「中国食の安全問題の影響を甘く見ていたことから、2008年3月期においても、2007年3月期並みの120百万円程度の税引き前利益を見込んでいた。よって中間期に予定納税を行ったことが理由である。2007年7月、中国で『ダンボール入り肉饅』事件が発生し、事態が悪化した。その後急速にS（水産加工品）製造販売が不振に陥った」というものだ。**まさに予測したとおりの回答**である。

(4) 在庫水準が低すぎる？

特定水産加工品の原材料は12月〜2月が仕入時期という特殊性があ

る。**A社決算が３月でほぼ１年分の在庫を用意する必要があることを考えると、在庫水準が低すぎる**ように見える。この点に関しては、関連会社が関係しているのではないか…という点が気になる。しかし、決算書は開示してもらえない。

　ここで、一つ注意をしておきたい。間違っても「在庫水準が納得できません」などの言い方をしてはならない。「当社に警戒感を持っているのでは？」とネガティブに受け止められる可能性がある。そこで、関連会社の役割をヒアリングすることにした。

　この問については次のような回答が得られた。「株式会社Ａ食品フーズは国内の水産業者並びに魚市場から原材料を仕入れる役割がある。集まった原材料を北海道にある協力会社に一次加工をお願いしている。製品化する最終工程は本社工場で行う。次に、株式会社Ａ食品コーポの役割は、40年前から急速に拡大した、東京と大阪の市場に対応するために作った会社である。いわば、特定水産加工品の東京大阪の販促部との位置づけになる。職員は本体の駐在が兼務している」。

　この話から、株式会社Ａ食品フーズに原材料および一次加工品、および株式会社Ａ食品コーポに商品の在庫機能があることを容易に想像できる。なお、最終加工（２次加工）は、需要に合わせて行うため、在庫の大半は株式会社Ａ食品フーズにありそうだ。

　詳しい解説は省くが、株式会社Ａ食品（本体）の決算書を紐解くと、特定水産加工食品の原材料及び一次加工品の１年分くらいは容易に抱くことができるほどの潤沢な資金が株式会社Ａ食品フーズにありそうであることが分かる。**関連会社の決算書を頂けない以上、ここは仮説に頼る**ことになる。

（5）流通部門を持つ意味は？

　A社のホームページで確認すると、「自社で流通部門を持っている」ことが特徴とされているが、**外注のほうが効率的ということはないのか？**

　この手の質問に対しては、**ホームページでわざわざ謳っているほど自信を持っている部分**なので、仮に情報開示が不十分な社長であっても、熱っぽく語ってくれるところである。

　この質問に対して、「当社は、"お客様からの注文に『ない』は禁句"を合言葉に、小回りの利く食料品問屋を標榜している。例えば、ドライバーが配送先で『明日急に、大切なお客様からの注文が入った。ついてはバイカル湖産の最高級のキャビアを手配してほしい』という注文があった場合、本部を通じて仕入担当に取り次いでいたのでは間に合わない。この場合、当社のドライバーは該当商品を扱っている商社に直接連絡を取り、手配できる力を持っている。それだけの商品知識と手配のノウハウを持っている」というものである。

　そのようなドライバーを**「どうやって育成するのか？」**という、たたみかけた質問に対して、「大阪と東京の営業所の主な役割は、食品メーカーや一次問屋の担当者との間に、そういった時に無理をお願いできる人間関係を身に付けるというところにある。定期的に本部ドライバーと東京・大阪のスタッフを入れ替え、常に密接な人間関係を継続できるように工夫している」というものであった。

　「かえって非効率では？」との質問に対し、「仕入先の開拓のための営業は大阪・東京で行うが、新規納入先の開発担当のような営業マンは当社にはいない。新規先については口コミが中心となる。その中から厳選して間口を広げる程度である」との回答。A社のビジネスはニッチな分野であり、利益率の良い一流店との取引には、商品調達力と小回りが利

く営業体制が必要である。配送業務でありながら、商品知識が豊富で調達能力のあるあるドライバーは簡単には育たない。しかし、ここに当社の強みがあると言いたいのである。

　また、和洋中華等業務用食品卸を本業とし、Ｓ（水産加工品）製造販売を拡大させてこなかったことが、国内水産業者の厚い信頼[※]につながった。さらに、限られた輸入制限の中から、（一次加工前の）原材料の確保を可能としている。

　※1970年代以降、需要拡大期に原材料調達のため、同業者の多くは、安価に大量に入手できる輸入原材料に目が向き、国内業者とのパイプが希薄になった。しかしＡ社は高級品にこだわったこと等から、頑なに国内産を大切に取引パイプを守ってきた。**「なぜ、儲かるのに事業を拡大しないのか」と揶揄された時期もあるが、**今となっては強みにつながったとも考えることができる。

3．ビジネス俯瞰図

　これまで把握している財務情報と定性情報に加え、疑問点に対する対話で得られた情報を用いて作成したものが、図表4-6として示した「ビジネス俯瞰図（Ⅰ）」である。組織の全体像と商流は表現できたが、**株式会社Ａ食品フーズ及び株式会社Ａ食品コーポの財務情報**は入手できていない。現場の営業店では、必要な情報をすべて経営者から入手できるほうが稀である。限られた時間の中で、**限られた情報から対象企業の事業性を判断しなければならないのが現実**である。

　図表4-7に示す「ビジネス俯瞰図（Ⅱ）」からＡ社の特徴を見てみると、図表中（Ａ）（Ｂ）（Ｃ）と示す**3点の特徴**が見いだせる。

　（Ａ）では、Ａ社が「手に入らない、間に合わない、と言えば、日本中

図表4-6　A社のビジネス俯瞰図（Ⅰ）

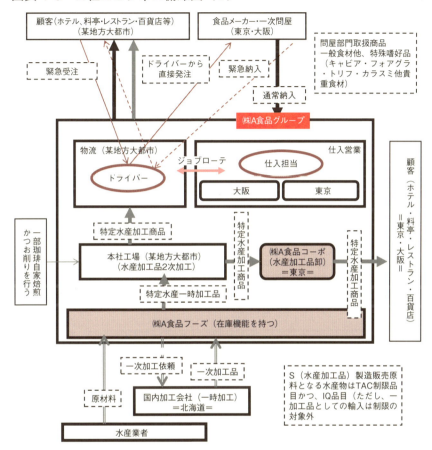

のどこにお願いしても手に入らない」と言われるくらいの**商品調達力の秘密**が見えてくる。

　（B）では、一見コスト高と思われる本社所在地の配送担当ドライバーと東京・大阪の駐在職員とのジョブローテーションを行うことで、配送先で受けた「とても間に合わない、そもそも手に入るかどうか」という無理スジの注文に対し、**迅速に対応できる体制**を整えていることが分か

図表4-7　A社のビジネス俯瞰図（Ⅱ）

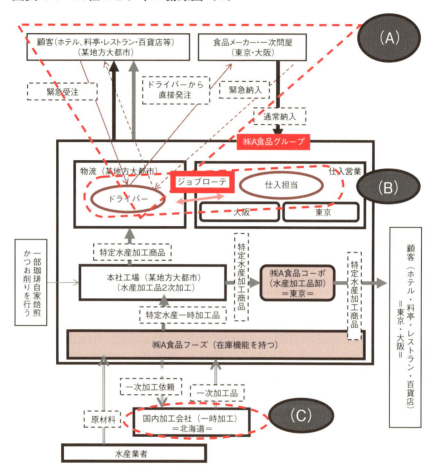

る。

　（C）は、A社は北海道に一次加工部門を持っていることが表現されている。A社の**国内産の原材料の調達力**の高さを裏付ける重要なポイントである。中国における食の安全問題を考えると、他社と比較してA社の強みとなり得る。

なお、関連会社2社の決算書がいただけないなど、情報開示が不十分であるが、株式会社A食品の決算書を読み解くと、株式会社A食品フーズに十分な蓄積と資金があると予想できる十分な数字的な裏付けもあったことを付け加えておく（詳細は省く）。

4．SWOT分析

以下ではSWOT分析を進める。まず外部環境をみてみよう。

(1) 外部環境分析

自社の業績に間接的に影響を及ぼす要素（マクロ環境変化）として、「高齢化社会の到来」「交通インフラの整備」を考えた。一方、自社の業績に直接的に影響を与える要素として、「排他的経済水域の影響」「中国で連発する食の安全性に対する信頼の失墜」「経済社会における経費削減の動き」を考えた。

次に、各々のSWOT要素がA社にとって「機会となるか、脅威であるのか」について検討することになる。

①マクロ環境分析
＜高齢化社会の到来＞

高齢化社会の到来は余暇を生むが、年金受給の不安から外食産業の受ける影響は大きいと考えることから、一般的に外食業界にとっては脅威であると思われる。問屋であるA社も影響は避けられない。一方、年金取得層の2極化（富裕層とそれ以外）は進むと思われることから、一流の食事とサービスを提供する料亭等はしぶとく生き残っていく可能性がある。とすると、A社にとって「高級店とのパイプを維持する」「高級

店が求める食材の調達力を高める」「多様化する嗜好の変化に対応する」「新食材の情報収集と調達ルートを開拓する」が可能であれば、むしろこの環境であっても機会になり得るであろう。この4つが、**「高齢化社会の到来を脅威としない」ための必要な対応力**と思われる。

＜交通インフラの整備＞

　当地は後背人口1,350万人を抱え、その州都的性格を持つ経済文化の中心地である。高速道路、鉄道システムの整備は今後も行われ、空の玄関である空港も市街地中心部まで短時間で到達できる立地にある。また国際空港として今後ますます重要な役割を果たすことになる見通し。港も、港湾法上の国際拠点港湾、港則法上の特定港に指定され、今後海外からの富裕層を中心とする観光客の増加も期待できる。

　この環境変化に対応するための必要な対応力も、上記「高齢化社会の到来」に対するものと重複する。A社には**必要な対応力がすべて備わっている**ことになる。

②ミクロ環境分析

＜排他的経済水域＞

　1982年採択、1994年発効となった「海洋法に関する国際連合条約」は、遠洋漁業に大打撃を与えた。A社は「S（水産加工品）製造販売」の総売上が40％を占める。またその原材料（水産水揚げ段階）はTAC制限品目（漁獲可能量制限品目）、かつIQ品目（輸入割当数量対象品目）であり、**業界全体では明らかに原材料の枯渇が懸念され、脅威**である。

　一方、A社をヒアリングしていく過程で、**国内産の良質な原材料を確保するルートを維持しており、一次加工も国内で行っている**ことが明らかになった。次に述べる「中国で連発する食の安全性に対する信頼の失墜」を原因とする市場の過剰反応の影響を受け、急激な業績の悪化が見

られることから、短期的には脅威であるが、**中長期的には、A社の機会**につながる（次項の内部環境分析参照）。

＜中国で連発する食の安全性に対する信頼の失墜＞

　食の安全に対する意識が高まる動きに対しては、企業によって機会・脅威の捉え方は異なってくる。それまで続いた価格破壊の動きに乗って「中国から食材調達や加工」を行いコストダウンを図ってきた企業にとっては脅威である。また、A社にとっても、業績に陰りが表れており、**両部門において短期的に見れば脅威**である。一方、S（水産加工品）製造販売部門は明らかに市場の過剰反応の影響を大きく受けており、中国との関わりがないことは、**市場が冷静さを取り戻した暁には、かえって機会**となり得る。

(2) 内部環境分析

　次に、商品（製品）やサービス、人材などA社でコントロールできる内部環境を分析してみよう。A社を競合他社と比較するうえで、①商品（製品）サービス、②販売マーケティング、③人材組織、に着眼する。

①商品（製品）サービス

　和洋中華等業務用食品卸部門から考えてみよう。A社は「『ない』は禁句」を合言葉とするほど、**商品調達に絶対の自信**を示している。「A社に相談し、入手困難な場合、全国の問屋に問い合わせても入手困難である」と言わしめるほど、**調達力は市場から評価**を受けており、**競合他社を圧倒**している。

　S（水産加工品）製造販売部門に眼を転じてみよう。当業界は、排他的経済水域の問題から**原材料の枯渇が業界全体の喫緊の課題**となり、原材料の調達を輸入に頼り、TAC制限を逃れるため、一次加工工場を中

国に建設し、難局を逃れようとした。しかしながら、A社は「従は主を超えない」という信念と、そもそも高級品志向の企業文化のなかで、当分野の業容拡大に走ることなく、頑なに国内産原材料にこだわる運営を行ってきた。

結果として、**貴重な国内産の原材料を調達できる力は競合他社を圧倒**している。「中国で連発する食の安全性に対する信頼の失墜」を原因とする市場の過剰反応から、急激な業績の悪化が見えるが、これは明らかに中長期的にはA社の強みにつながる（前項の外部環境分析を参照）。

②販売マーケティング

　和洋中華等業務用食品卸部門は、本社所在地における高級料亭、一流ホテル旅館、および百貨店を主要顧客とし、営業活動による新規顧客の獲得ならびに営業地域の拡大は行っていない。新規顧客については、**取引先の品質を重視することから「顧客からの紹介」「口コミ」で獲得しており、既存顧客に対しては商品調達力を武器に、緊密な取引基盤を確立**している。一方、S（水産加工品）製造販売部門では、「従は主を超えない」という哲学が影響し、販路拡大活動を行わなかったことから、競合他社と比較して、**大消費地化した関東・近畿地区の知名度が低く、出遅れていることは事実**である。

③人材組織

　A社の本業である和洋中華等業務用食品卸部門は、**無理と思われる発注に応える商品調達力と小回りの利く機動力に強み**がある。それを支えるのが物流部門の配送担当者の業務（商品）知識と人脈である。

　A社の特徴の1つは、大阪と東京の拠点の役割にある。大阪と東京では食品メーカー、問屋、商社と綿密な関係を構築すると同時に、常に新

たな食材の情報収集、並びに調達ルートの確立に努めている。また、定期的に配送担当者を大阪と東京に配置し、常に新しい情報を身に付けるためのローテーションを確立している。これにより、緊急の場合には、直接その場から「メーカー・問屋・商社」に対し、商品の有無の確認、手配が可能となっている。

また、東京・大阪の拠点の存在は、大消費地でのS（水産加工品）製造販売部門の販路開拓の戦力となる可能性がある。

(3) SWOT分析表

現場では、情報が不十分な中で対象企業の事業性を評価し決断を求められる場面が往々にして起こり得る。

本件は、**財務情報の開示が不十分な中で、手元の財務情報と定性情報から疑問点を抽出し、ヒアリングをかけるところから事業性評価を試みた事例**である。完全には解明されていないが、ここまでをSWOT分析表に整理すると図表4-8のようになる。

当時の世相は、バブルの崩壊後の長引く不況に加え、2005年には建築偽装事件、度重なる中国産（製）の食品の安全性問題が発生し、不良債権処理に追われる金融環境から、企業経営がネガティブに捉えられがちな状況であった。

情報開示が十分でなく、直近2期での急速な業績の悪化が顕著であり、本業である「和洋中華等業務用食品卸部門」、副業としての位置にある「S（水産加工品）製造販売部門」とも傷んでいることが予測できる状況。しかしながら、「S（水産加工品）製造販売部門」は、国産原料使用という他社にない商品性を持っている。大消費地に、過去、販路を求めなかったことから、同地に高級品としての市場開拓余地もある（大阪と東京の拠点を活用する余地がある）。景気低迷等による外食産業の停滞は中長期

図表4-8　A社のSWOT分析

	強み	弱み
内部環境	●和洋中華等業務用食品卸部門 ・商品調達力がある ・人材育成システムが確立 　（ジョブローテーションの確立） ●S（水産加工品）製造販売部門 ・国内産原材料調達力がある。 ・国内加工工場が整備されている。	●共通 ・情報開示が不十分 　（関連会社2社の決算開示が頂けていない） ※仮説では関連会社に相応の財務力がある ●「和洋中華等業務用食品卸部門」 ・積極的な営業体制がない。 ●S（水産加工品）製造販売部門 ・大消費地での販売力が弱い
	機会	脅威
外部環境	●共通 ・交通インフラの整備 ・食の安全意識の高まり ・高齢化社会の到来 　一般には脅威だが、当社にとっては対応力があり機会となり得る。 ●S（水産加工品）製造販売部門 ・排他的経済水域の問題 ・中国で連発する食の安全性に対する信頼の失墜 　（国内産を扱う当社にとって過剰反応が収まれば機会となり得る）	●共通 ・中国で連発する食の安全性に対する信頼の失墜 　（短期的に見れば脅威）

に及ぶ可能性があるが、高級品については将来市場の回復も期待できる。つまり、「和洋中華等業務用食品卸部門」の回復には今しばらく時間を要するとしても、「S（水産加工品）製造販売部門」は事件に対する過剰反応の影響であることから回復は早いと思われる。今しばらく、業績の低迷が続くことは仕方ないとして、A社の事業性が損なわれているわけではないことが分かる。

第4章　ビジネス俯瞰図、SWOT分析を用いた事業性評価（理解）

「和洋中華等業務用食品卸部門」の苦境は長期化する懸念がある。しかし、「従は主を超えない」という創業以来の信念を一次放棄して、「S（水産加工品）製造販売部門」が、A社の事業全体を支えることは可能と思われる。**少なくとも、事業性が失われていない**ことは明らかである。

(4) 陥りやすい罠

　事業性評価を試みる場合、いきなり手元の情報を頼りにビジネス俯瞰図やSWOT分析に入ろうとするのは危険である。そもそも事業性評価ができていれば、時間をかけてわざわざSWOT分析やビジネス俯瞰図を作成する必要はない。一般に言われる「事業環境の変化」程度は事前に調べることは可能であるが、**一般的に業界に対し追い風と言われる変化が、対象企業にとって機会とは限らない。**

　事業性評価は、現時点の財務情報と定性情報から疑問点を明確にすることが出発点となる。その上で、**仮説を立て、ヒアリングと観察を通じて検証**することで、対象企業の事業が見えてくることを忘れてはならない。

　ビジネス俯瞰図もSWOT分析も、事業性評価の最後の段階で取り組むべきものである。いきなりこれらの作成に入ることは、かえって先入観を生み危険であることを肝に銘じてほしい。

第2節　SWOT分析思考パターン事例

　本節は、シャーリング業（鉄鋼加工業）B社の事業性の理解と把握を営業店レベルで行った事例を紹介する。業界平均を大幅に上回る売上総利益を獲得しており、その理由の把握を含め、現状の好況が今後も期待できるかどうか…という事業性の判断を求められた事例である。

＜概況＞
B工業株式会社
　資本金　100万円
　従業員数　40名（全て正社員）
　業種　シャーリング業（鉄鋼板の曲げ、裁断等の加工並びに精密加
　　　　工業）
　代表取締役　F氏（75歳）
　専務取締役　G氏（43歳　F氏の長男）

＜社歴＞
　1985年5月　創業
　1989年5月　法人成り
　1995年5月　新工場兼本社（第一工場）を建設
　1999年5月　第二工場を新設
　2002年5月　第二工場に本社を移転（第一工場を閉鎖し集約化）

第4章　ビジネス俯瞰図、SWOT分析を用いた事業性評価（理解）

1．事業内容の把握は物に着目

　SWOTを作成していく上で、まず、作成しようとしている企業の内容を把握することが必要となる。

　営業店に、B社の事業について聞いてみると、「鉄板の加工業です」という回答が返ってくるのが普通である。しかし、これでは具体的に何をメインとしている企業なのかはまったく理解できない。「何を**どのように加工**しているのか、**どのような加工形態**なのか、**どのような材料**を取り扱っているのか、また、**どのような企業から仕入れてどのような企業に販売**しているのか、**どういった設備**を有しているのかなど」を把握していかなくては、その企業の理解も進まないし、特徴も把握できない。

　B工業の場合、鉄板等の加工業ではあるが、中でも「精密に鉄鋼板の曲げ、裁断等の加工する精密加工業」（シャーリング業）である。工場の見学にとどまらず、設備された機械の性能、使用目的等をヒアリングすることで理解は深まる。**自社の特徴を金融機関にアピールする絶好の機会**であることから、**経営者は一所懸命に解説**してくれるものだ。

(1) 書面等調査で分かること

　業種の把握ができたら、その業種が置かれている環境（取り巻く状況）について調べてみる。

　基本的な環境情報を得るには**「業種別融資取引推進ガイド」**「業種別審査事典」や「インターネットからの情報」等で**概略の理解を進める**ことになる。一方、「ガイド」や「事典」は企画段階から考えると、相当な期間が経過しており、環境が大きく変わっていることもある（「ガイド」は1年に1度の更新、「事典」はおおむね4年に1度の改訂）。日頃から、

日本経済新聞等で関連がありそうな記事に目を通して、情報をストックしておくことが必要である。

シャーリング業界自体は、製造業には必要不可欠な産業とはされながらも、どちらかと言えば、ニッチな産業の部類に属し、取引先企業からの受注により存立（売上高が計上）されることから、**下請的な企業**とならざるを得ない。

そのため、各製造企業が存在する工業地帯に立地することが必然的な条件になりやすい。また、受注産業であり、取引先からのニーズに応じて加工することから、それ相応の設備が必要である反面、加工に伴う対価は引下げを求められるなど**収益確保には厳しい面**がある。また、取引先の海外生産へのシフトに伴う受注減、国内の設備投資の減少等、他産業の動向並びに好不況の影響も受けやすい。業界の企業規模としては、一般的に従業員30名以下の小規模企業が全体の約8割を占める中小零細企業を中心とした構成である。

(2) B工業の立地状況は

B社の立地をみてみよう。

X県とY県の海岸沿いの県境に位置し、メイン道路である国道（片側2車線）までの利便性も良い。X県・Y県共に海岸沿いの地域は製造業（自動車・繊維機械・建設機械・造船等の製造業）を生業としている企業が多い地域である。それらの大手製造業の存立に伴い下請企業も相当数存在している。

B工業の工場兼本社は、近隣には埋立による工業団地があるにもかかわらず、岩山を切り崩し平坦にした土地に位置している。その理由を尋ねると、「精密加工をするのであれば、**精度を高める上で、底地が岩盤のほうが硬くて適している**」ということである。

第4章 ビジネス俯瞰図、SWOT分析を用いた事業性評価（理解）

2．財務面の検証

(1) 損益計算書（P/L）

B/Sではなく、P/L（図表4-9）を先に見るのは、まず本業を通じて利益が確保されているか否かを確認するためであり、また、会社の収益構造を把握するためである。B社の場合、売上高・利益ともに毎期増加しており、内容的には良好といえるだろう。なお、P/Lを見る場合、利益から売上高に遡っていくほうが比較的理解しやすいと思われる。

①書面情報との比較

さて、ここで、B社の業種と取り巻く環境を思い出してほしい。B社の業種は、**基本的に受注産業に属しており、しかも発注先からの単価引下げの要求が厳しい業界**に属している。**しかしながら、B社の売上高総利益率は2007年5月期で30％、2006年5月期で28％と高い水準**を維持している（一般的には17％程度）。

売上高総利益率が高いということは、製造原価報告書はここに掲載し

図表4-9　B工業のP/L

（単位：百万円）

	2005/5	2006/5	2007/5
売上高	1,140	1,370	1,500
売上総利益	330	383	450
営業利益	140	150	200
経常利益	110	120	150
減価償却	57	55	50
売上債権回転期間（月）	3.2	3.5	3.6
棚卸資産回転期間（月）	0.9	1.1	0.9
買掛債務回転期間（月）	2.1	2.3	2.5
借入金利子負担率（％）	1.00	1.15	1.10

ていないものの、製造原価の過程で何らかの経費削減策等が行われていたり、そもそも当社の競争力に起因する理由があるはずである。

一般的に取引先から取得する決算書には、当然、製造原価報告書は添付されているが、当該取引先の決算書を何期並べても、**経費削減の理由は、同業者と比較するか、何等かの指標と比較しない限り、把握することは困難**である。

② P/L を確認して疑問点をヒアリング

P/L を確認して疑問点が生じたら、その理由をヒアリングしてみることになる。

このケースでは、売上高総利益率が高い理由（どういった経費削減策等を行っているのか）を企業側に尋ねてみることになる。しかし、いきなりその理由（経費削減策）を尋ねても、企業側も面食らうだろう。というのも、企業側は特に意識もせずに行っている結果が効果として表れていることもあるからである（実際にＢ社もそうであった）。

そこで、「どういった取引先からの受注が多いのか」などを尋ねながら、色々な方面に話題を振り向けていくことが必要となる。無論、**ヒアリング内容をそのまま鵜呑みにはできない**ので、工場内部の見学や決算書などの数値資料からも**何がしかの仮説を立てておく**ことは必要ではある。

＜Ｂ社からのヒアリング内容＞

①取引先は、近隣を中心として小さい取引まで含めると、約200社あるが、大部分が中小零細企業である。一番大きな取引先でも社内の受注比率では７％程度のシェアしかない（取引先小口分散）。

②中小零細企業からの受注は少量で複雑な加工を要するものも多く、また、納期が非常にタイトな状態で依頼してくる先も多い。中には、図面だけ送付してきて、完成時に製品を引き取りに来る先もある。このケー

スでは、自社の材料を使用して製品を製作することになるが、材料の仕入は、このようなケースに備えているだけなのであまり保有していない。納期がタイトになっている取引先は、朝、材料を持ち込んで、夕方に引き取りに来るようなケースもある（材料支給型で在庫負担が小さい）。

③どの取引先も納期が厳しいのか、材料を持ち込んできて、少しでも早く加工を依頼してロスタイムを減らそうとしている。無論、加工後の製品の引取にも来ている。だから、夕方になると、取引先からの加工確認の電話が多い。

④精密な加工が短期間で可能な先は、この近隣には当社しかないらしく、時折、取引がまったくない先からも発注を受けることもある。先週は、遠隔地のまったく知らない企業から発注があった。

⑤新規取引先は増えたほうが良いが、年に数社の不渡手形が発生していることを考えると、判断が難しい。

⑥リースを利用するなどして、定期的に機械の更新を図っており、常に最新の加工レベルを維持できるようにしている。

⑦従業員の離職はほぼないものの、45歳以上の従業員が半数以上を占めており、今後、人件費の上昇は避けられないと感じている。また、技術の伝承にも危機感を抱いている。

③ヒアリングから分かること

B社にヒアリングした内容から推察して、**製造原価の削減のポイントは、荷造運搬費にありそう**である。多くの取引先が自ら材料を持参し、完成後、引き取りに来ているということは、B社が自社で材料の調達または配送の手配をする必要がほぼないということになる。

ヒアリング内容からB社の特徴を整理してみよう。これはSWOTでの「強み」になる可能性が高い。

＜B社の特徴＞
　①短期間で精密な加工が可能であること。
　②少量で複雑な加工を要する発注でも対応していること。
　③図面のみで対応するなど融通が利く受注体制であること。
　④常に最新レベルの加工技術を確保していること。
　・埋立の工業団地ではなく岩盤を切り崩した平地に工場を建設するなど、品質に対する強いこだわりがある。このことからも、B社の加工技術は、近隣のみならず、他の地域でも通用するほどハイレベルであることが推測できる。

(2) 貸借対照表から考える（B/S）

　ところで、売上債権などの回転期間からは何かB社の特徴が把握できないだろうか？　簡単に言うと、上記は**「物」の面を中心として捉えてきたが、次は「金」の面から捉えてみよう**、ということである。

　前述のヒアリングの中で、取引先は約200社あるとのことであったが、この点と回転期間はリンクしないだろうか？

　例えば、売上債権の回転期間が3.6カ月ということは、資金繰りが忙しい中小零細企業のC社がB社に発注した場合でも、C社が最終納入先から代金を受け取った後に支払えるということにはならないだろうか？　実際のところ、B社の取引先からの受取は、90％程度が90日サイトの手形となっていたため、資金力の弱い中小零細企業からの発注が多く、取引先の増加につながっていた。また、この**取引条件は、B社に加工代金の価格を相場よりも若干アップさせても、取引先は増加するという効果**ももたらしていた。

　さらに、取引先が約200社あり、最大の受注先のシェアが7％ということは、相当受注先が小口分散化しているということであり、**受注リス**

クの分散化が図れられている**ことになる。

貸借対照表（B/S）（図表 4-10）に目を転じてみよう。

B/S から 2007 年 5 月期の所要運転資金を算出してみると、344 百万円（＝売掛債権（450）＋棚卸資産（113）－買入債務（219））となり、これを割引手形と長期借入金で調達していることになる。現預金の残高は 110 百万円であり、所要運転資金の約 3 分の 1 を保有している計算になる。また、流動性比率が高いこともあり、短期的な資金繰りには不安がないともいえる。固定資産は自己資本で調達しており、安定的と言える一方で、回転期間の差異が 2.0 カ月（＝ 3.6 カ月＋ 0.9 カ月－ 2.5 カ月（2007 年 5 月期。図表 4-9 参照））あるので、売上高の増加に応じて資金ニーズは発生しやすいことになる。

棚卸資産（材料）については、ヒアリング時にはあまり保有していないとのことであったが、売上高対比で 2006 年 5 月期が 9.2％、2007 年 5 月期が 7.5％であり、この部分については微妙な判断ではあるものの、

図表 4-10　B 工業の B/S

（単位：百万円）

			2005/5	2006/5	2007/5
	現預金		90	97	110
	売掛債権		304	400	450
	棚卸資産		86	126	113
	固定資産		630	605	600
	資産の部		1,125	1,242	1,288
	買入債務		142	189	219
	借入金		468	464	387
内訳	短期借入		50	50	0
	長期借入		350	330	310
	割引手形		68	84	77
	負債の部		655	700	656
	資本金		20	20	20
	剰余金		450	522	612
	資本の部		470	542	632

減少している点を考慮すると、現時点では、あまり気に留める必要はないものと思われる。

(3) SWOT 分析表への落とし込み

以上を SWOT 分析表に落とし込むと図表 4-11 のようになる。

なお、最後に、企業から決算書をもらう場合、付属明細もさることながら、**決算時に作成する法人概況表**ももらうようにしたほうが良い。

法人概況表には、期末時点での役員・従業員数、月単位での売上高と仕入高も記載されていることが多い（ただし、決算調整で月単位の売上高の合計額と決算書の売上高と一致しないこともあるので注意が必要）ので、企業の月単位の売上高の変動（活動状況）も捉えることが可能である。

図表 4-11　B 工業の SWOT 分析

	強み	弱み
内部環境	①短期間で精密な加工が可能であること ②少量で複雑な加工を要する発注でも対応可能であること ③図面のみで対応するなど融通が利く受注体制を有していること ④常に最新レベルの加工技術を確保しており、当社の加工技術は、近隣のみならず、他の地域でも通用する程ハイレベルであると思われること	①取引先のリスク管理体制が未構築 ②常に一定レベルの設備を維持する為に生じる資金負担 ③低コスト競争による受注単価の切下げ要請
	機会	脅威
外部環境	①取引先の囲い込みによる受注体制の構築 ②取引先への納品体制の構築による省力化 ③3D や Cad を使用した新しい製造体制による販路の拡大	①従業員の高齢化に伴い、人件費の増加並びに技術の伝承の断絶が懸念されること ②取引先企業の海外シフトによる受注減 ③現行の付加価値の陳腐化

第4章 ビジネス俯瞰図、SWOT分析を用いた事業性評価(理解)

第3節 いわゆる事業性評価シート作成目的とプロセス

1．SWOT分析ならびにビジネス俯瞰図を考える

　筆者は地銀や信用金庫で、「事業性の理解のための補助シート」(いわゆる事業性評価シート(以下「シート」))作成の相談を受けたり、作成されたシートを拝見する機会が多い。その経験を基に、**事業性の評価(理解)の進め方と形式的に運用される危険性について、事例を織り交ぜながら整理**してみたい。

　現場(営業店)では、業務の多様化と時間管理の強化等の理由で企業とじっくり向き合う機会が失われ、その結果として企業の「事業を理解する能力」が弱体化したことは否めない。この状況では、企業との対話を深める目的で作成したシートであっても、形式的に埋めることが目的化してしまう危険を孕む。それらしく作成した事業性評価シート等を、「それらしく加工し、お茶を濁す」取組みにならざるをえない。結局、職員のモラルは低下し、「事業性評価に基づく融資」、どころか、「事業性を無視した危険な融資」を積み上げる結果となるリスクがある。取り組む担当者の温度差も大きい。

　言い換えると、定型的なシートを活用することは構わないが、会話のツールとして正しく利用するための「道しるべ」が必要ということである。「シートを作成したが、皆がちゃんと書いてくれない」「シートの取組姿勢と出来具合に個人差があり過ぎる」という悩みを企画・審査部門から耳にする。

　シートは企業と対話をするための「きっかけ」とするためのものであ

るべきだ。一度作成したら終わりではなく、日々新たな気づきがあったら更新していくものでもある。またその更新を繰り返し、それをつないでいくことで、事業性評価シートそのものが、当該金融機関の大きな財産につながっていく。

2．事前準備

　シートは、取引先企業を理解するための対話を、スムーズに進める手段であることは繰り返し述べてきた。その対話をより効率的に行うためには当然ながら事前準備が必要になる。

　できあがったシートを拝見して、まず感じることが、**「この会社が何をしているか」すら理解できていないケースが多い**ことである。「当社は金属加工業です」との記述があっても、どんな加工をして、どんな製品を作って、どんな先に販売しているのか、が把握されていないのである。また、当社の売上が、上がっているのか、下がっているのか、それすら意識されていないケースも見られる。

(1) 事前準備としての定量分析（財務分析）

　最低でも過去３期分の決算書の動きは見ておく必要がある。あくまでも決算書の数字が正しいことが前提となるが、見慣れてくると、おかしな数字の動きも気づくことができるようになる。決算書の数字を横に３期並べるだけでも様々な気づきが見えてくる。その動きの中から定性面の状況を予測することが可能である。例えば次のような予測ができる。
・売上が伸びている
　　取引先の件数が増えている→営業力、商品力
　　特定の取引先の売上が増えている→大口の受注が決まった、継続？

・粗利率が下がっている

　競争激化→値段で勝負→単価ダウン？　商品力なし？

　仕入の値段が上がっている→業界全体？　取引先との関係？

　効率が悪化している→設備の老朽化？　管理の問題？　外注費？

　大切なことは、数字の動きから当社の現状を予測して、対話を通じて検証することである。それを行うことで対話にかける時間が効率化できると同時に、企業側からの印象も、「うちのことをまったく知らない人」から「うちのことに少しは関心がある人」に変わる。また、予測と検証の繰り返しで、企業を見る目も養われていくことになる。

(2) 事前準備としての業界動向分析

　取引先企業を把握する上で、業界動向を知ることは非常に重要である。**当社がどんな環境に置かれているのか、まず可能な範囲で事前に調べておく**必要がある。調べる上で現在は様々なツールが存在する。ネットを開けば様々な情報が溢れている。しかしネットの情報は偏ったケースも見られるため、最低でも複数の情報源を見る必要がある。金融機関やコンサルタントの場合、日常的に活用している業界分析資料等があるであろう。こちらを活用することも効率的かもしれない。

　ここで注意することは、業界を知るためには、**①当社の属している業界、②当社の販売先の業界、③当社の仕入先の業界、以上の３つの業界に眼を配る**必要がある。

　当社の環境を見るにあたって、当社が属している業界のみを知るだけでは不十分である。その川上、川下のことも知っておくことにより、理解が深まる。例えば、販売先の業界の今後の「成長及び衰退」で当社の成長（存続）可能性は左右される。仕入先の業界からの供給状況が変化すれば、当社の仕入に関する状況も左右されることになる。

事前に手元の情報で業界のイメージを持つことは効率的に事業性の評価（理解）を進めるうえで有用である。しかし、ここはあくまでも**対話前の業界分析**であることを忘れてはならない。会話と観察による努力を行わず、表面的に事業性を理解したつもりになっている場合が多い。後にも述べるが、**対話後に、再度業界分析に取り組む必要**が出てくるケースもある。

3．ビジネスモデルを理解する

　ここからは、ビジネス俯瞰図について掘り下げる。地域金融機関の取引の太宗は中小零細企業であり、ビジネスモデル俯瞰図を作成する必要があるほど複雑な取引構造であることは少ない。しかし、**物の流れの裏にはお金の流れがあり、その流れの中で付加価値**を生み出していることは間違いのない事実である。その考え方を理解しておくことは、きっと経営者との会話を重ねる上で厚みが生まれるはずである。

　商流やサプライチェーンなど、様々な分析の手法や呼び名はあるが、単純に言うと、この企業が何を**どこから仕入れて**、**どこに何を販売**しているかということがビジネスモデルに他ならない。そして、そこに、どのような付加価値が付けられているかを理解することは、シート作成やSWOT分析を行う上で非常に重要なポイントとなる。先にも述べたように、驚くほどこの部分の把握がなされていないケースが多い。簡単に例を挙げれば、「A社から鉄板を仕入れて、当社で切って、曲げて、B社へ販売する」といったことである。ここがしっかり把握できていなければ、全て繋がらないといっても過言ではない。

　ビジネス俯瞰図は、仕入からエンドユーザーまでの流れを辿ることで、当社の改善点や付加価値創造のプロセスが浮き彫りにできる。これをビ

図表4-12 ビジネス俯瞰図の基本構造

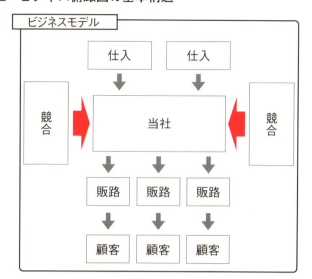

ジュアル化しておくことで、課題の存在点、解決の糸口に到達しやすい。

　ビジネス俯瞰図は「物の流れからビジネスを俯瞰する」のが目的であり、おおよそ図表4-12に似たものになるであろう。以下、「当社からエンドユーザーへの商品の流れ」「原材料（商品）の当社までの流れ」「当社との競合（競争）関係」に分けて、ビジネスの流れを把握する考え方を解説する。

　また、重ねて強調するが、**事業には常に競合がある**。今後のSWOT分析につなげる意味でも、この目線は必ず必要となる。ビジネスには競合があり、**「強み」「弱み」というのは、競合他社と比べてどうなのかといった判断**である。「当社が品質に強みがある」といっても、それは競合他社と比べて初めて判断できることになる。

(1) 当社を知る

ビジネスモデルの中で、まず、当社が何を仕入れて何を販売しているのか知ることが重要である。着眼点は以下のとおり。

①どんな事業をしている会社か
②どんな商品を売っている会社か
　→まずはここから知る。具体的に社長にヒヤリング
③何を仕入れているか
　→商品の元になる仕入を知る
④仕入から商品になるまでの過程
　→どのように付加価値を生み出しているのかを知る

(2) 販売先を知る

当社のビジネスの基幹になる部分である。ここをしっかり把握するこ

図表 4-13　販売先の理解

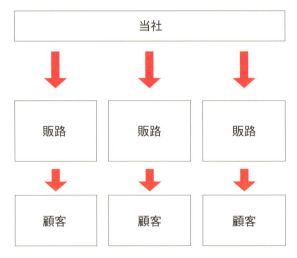

第4章　ビジネス俯瞰図、SWOT分析を用いた事業性評価（理解）

とで、当社の概要をかなり把握することが可能になってくる。販売先については販路の先の顧客まで注目することにより、より当社が置かれている環境が見えてくることにつながる（図表4-13）。

①どんな事業をしている会社か
②どんな商品を売っている会社か
③販路先にとって当社との取引はどのようなメリットがあるのか
　　→当社と取引する理由
　　　・価格？　人間関係？
　　　・納期？　近い？
　　　・品質？　融通がきく？

「販売先はなぜ当社と付き合っているのだろうか？」、理由があるはずである。そこが当社の強みであるケースが多い。また、この当社と付き合っている理由は、販売先を増やしていくための売り込み要素にもなり得る。ここを意識してみると色々な発見につながっていく。

また、販売先について、可能であれば、どれだけの取引先があり、どれだけの比率があるのか、を把握することができれば、さらに理解が深まる。ここまで把握するためには、**企業側との深い信頼関係が必要になってくるが、資料等からもある程度読み取れる**部分もある。先も述べたとおり事業性評価シートとは一度書き込めば終わりではない。販売先については、幾度となくバージョンアップさせる中で深堀りしていきたい項目の1つである。

販売先を調査するにあたり、**①顧客別、②業態別、③商品群別、に分けて整理**してみるとよい。

①は取引顧客そのものである。

ある1社に対して売上の依存度が高い場合、その1社の状況により、当社の業況は左右される可能性が高くなる（図表4-14）。逆に販売先は少額で多数になる場合、安全性は高まる可能性があるが、業務効率に影響が出る場合もある。これらはあくまでも可能性であるが、考慮すべき事柄である。

図表4-14　販売依存度の明示

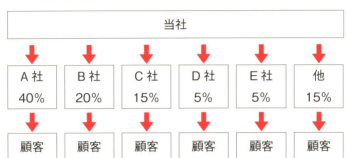

※顧客ごとの売上額（全体の売上の中の比率）
※顧客ごとの利益額（利益率）

図表4-15　業種・業態の明示

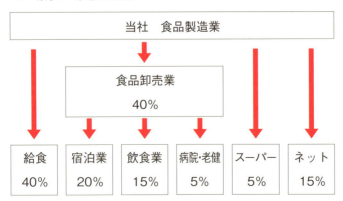

※顧客業態別売上額（全体の売上の中の比率）
※顧客業態別ごとの利益額（利益率）

②の業態別は、販売先を、その業種・業態別に分類したものである。

例として食品製造業を取り上げてみよう（図表4-15）。単一商品群を製造する当社であっても、販売先の業態によって取扱量に差が出ているのが分かる。同業他社の販売ウェートと比較可能であれば、なぜその業態に強いのかをヒアリング等することが、事業性評価（理解）につながる。

③の販売商品群別は、当社が複数の領域にわたる商品群を有している場合、把握しておくべき項目である。

切削加工部品、溶接加工部品、電子部品製造の３部門を持つ金属加工業を例に考えてみよう（図表4-16）。その比率が４：３：３なのか、６：２：２なのか、８：１：１なのかでまったく事業性は変わってくる。

さらに、当社の製品が、どのルートでエンドユーザーに供給されているかを突き詰めてみると、当社の異なる製品が、それぞれ違うルートで同一ユーザーに流れている場合もあり、こうしたことも把握する。

図表4-16　販売商品群で分類

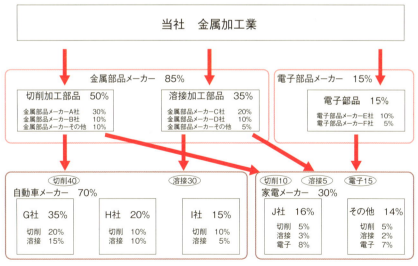

図表 4-17 仕入先の理解

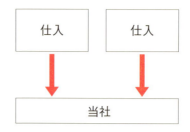

(3) 仕入先を知る

当社が既存の仕入先と付き合っているのは、何らかの理由があるはずである。また、この部分を理解することにより、安定した仕入が期待できるのか、あるいは、仕入の効率化等を提案できるのか、等の判断につながってくる（図表 4-17）。

着眼点は次のとおり。

---
①どんな事業をしている会社か
②どんな商品を売っている会社か
③当社にとって仕入先との取引はどのようなメリットがあるのか
　→既存仕入先と取引する理由
　　・価格？　人間関係？
　　・納期？　近い？
　　・品質？　融通がきく？

以上「当社を知る」「販売先を知る」「仕入先を知る」の努力を重ねた上で、競合先を加え、図式化したものがビジネス俯瞰図である。一般的には、図表 4-12（145 頁）に整理したものに近いものになるであろう。

第4章 ビジネス俯瞰図、SWOT分析を用いた事業性評価（理解）

4．事業内容を掘り下げる

　これまで進めてくると、実は当社の内容について、かなりの部分で理解が進んでいることに気が付く。「当社が付加価値を生み出しているのか？」「販売先が当社と付き合う理由は？」「当社が仕入先と付き合う理由は？」、これらは当社の事業内容を理解することに他ならない。それは、「強みと弱み」「機会と脅威」の把握のベースとなる。

　くどいながら、**忘れてはいけないのは当社の競合関係である。競争相手を常に意識し、そこと比較してどうなのか？ ということであり、その目線が正しいSWOT分析につながっていく。**

　取引先企業の社長が考えている競争相手を、読者の皆さんは共有しているであろうか？ そして当社と競争相手の違いについて掘り下げた会話が行われているであろうか？

　会社にヒアリングを行って「御社の強みは？」とそのままストレートに聞くと、「品質です」という答えが返ってくることが多い。

　この「品質」ということについては、他社と比べて本当に良いのか、どのような部分で具体的に勝っているのか、を聞き取り検証する必要がある。場合によっては、当社と取引している理由を聞いてもらう（もしくは直接聞いてみる）のも1つの手段である。本当に「品質」であれば「他ではできないミクロン単位の加工ができるから」とか「不良率が少ないから」といった具体的な部分の話が聞けるであろう。

　実は「品質」ではなく、「約束は必ず守るから」「様々な要望に対応してくれるから」「融通がきくから」「近いから」「安いから」といった理由で付き合っている可能性もある。ここを把握していないと、SWOT分析の「強み」の部分に「品質」とだけ記入することとなり、誤った判

断につながってしまう。また今後の展開に向けての判断を大きく誤ってしまうことにもなる。

5．あらためて、業界動向分析

　事前準備において一度業界動向を調査しているが、これは当社へのヒアリング前のことである。ヒアリングを行うと、事前に調査した業界と実際は異なったり、他の業界の動きが当社の所属する業界に大きな影響を及ぼしていることが判明する、といったケースはよくある話である。**ヒアリング後に再度当社のビジネスについて振り返ってみることが重要**と言える。

　例えば、図表4-16（149頁）に示した金属加工業で、単純に販売先が金属部品メーカー（85％）であると信じていたが、切削加工業界、溶接加工業界、電子部品業界の3つの業界にわたることが分かったという場合がある。当然改めて各セグメントに対する研究が必要となる。

　また販売先においては金属部品メーカー、電子部品メーカーがあり、その先には自動車メーカー、家電メーカーがあることも掴めたのであれば、ヒアリングの後に、再度調査を必要とする必要も出てくる。そうすることにより、当社の置かれた外部環境がより正確に見えてくることになる（図表4-18）。

図表4-18　さらなる業界動向調査

事前に調べた業界動向
↓
ヒヤリングにより得た情報から業界理解
↓
さらなる業界動向調査

6．SWOT分析への落とし込み

　現在、各金融機関が作成している事業性評価シートの中にはSWOT分析を取り入れているところが多く見られる。SWOT分析は該当企業の状況を一目で理解できるという大きなメリットがある。しかしながら、その事象を「強み」とするのか「弱み」とするのか、「機会」とするのか「脅威」とするのかは作成者本人次第である。また事象自体が明るみにならなければ分析に反映すらできない。そうした意味ではSWOT分析自体にも企業を見誤る大きな危険性が潜んでいる。ただでさえ日々忙しい毎日を送っている現場の人間に、十字に区切られた白紙のSWOT分析シートを1枚渡されても、これを完璧にこなす人間がどれだけいるであろうか。現場の人間が、シートを活用し、いかに効率よく企業と対話し企業を理解するかを考えるべきである。繰り返しになるが、各金融機関の本部は、シートの活用の仕方を現場に伝える必要がある。

　さて、ここからは、**調べてきたビジネスモデルの理解、事業内容の掘下げ、業界動向分析とそこから見られる将来性や成長性をSWOT分析に落とし込んでいく**ことになる。

　ここで言う将来性や成長性とは、当社と川上、川下の業界におけるもの、そして当社そのものについて、それぞれ考察することを忘れてはいけない。また、繰り返して述べたように、ここでも常に競合との比較の目線を忘れてはいけない。その目線をもって初めて正確な落とし込みが可能となってくる。外部環境についても同じことが言える。同じ外部環境変化でも、**競合と比較して対応力があれば機会になり得るし、対応力がなければ脅威**となってしまう（図表4-19）。

　例えば業界全体に追い風が吹き需要が増大するとしても、当社に競合

図表 4-19　外部環境と自社・競合の対応力に基づく分析

環境変化の影響	自社の対応力	競争相手の対応力	判定
＋	強い 将来強くなる	弱い	機会となり得る
－			
＋	弱い	強い 将来強くなる	脅威となり得る
－			
＋	競合相手と同等だが 早く手を打てる	自社と同等	機会となり得る
－			
＋	競合相手と同等だが 手を打つのが遅れる	自社と同等	脅威となり得る
－			

外部環境の変化が一般的に良い傾向と思われる場合を＋
外部環境の変化が一般的に悪い傾向と思われる場合を－

企業と比較して生産能力や価格競争力がなければ淘汰される可能性がある。逆に業界全体に向かい風が吹いたとしても、競合企業と比較して差別化できるものが存在すれば、特徴を活かし業績を上げる可能性もある。

7．課題抽出と解決策

　SWOT分析は、現状を把握する意味では、とても有効である。しかしそこで終わってしまっては「もったいない」と言わざるを得ない。**SWOT分析を活用して課題抽出してこそ本当の分析**であり、ソリューションの提供につながる。
　一方で、無理やり課題抽出を行おうとする事例もよく見かける。地道に積み上げたSWOT分析に基づく課題抽出ではなく、無理やり抽出した（金融機関の一方的な都合による）課題に対し、後付け的にSWOT分析をまとめるケースである。こういった取組みは「事業性を理解する」とは反対に、当該金融機関と取引先企業に対し、ネガティブな結果につ

図表4-20　SWOT分析の目的

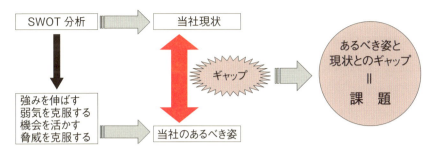

ながる危険を孕んでいる。

　SWOT分析は、取引先の現状を表している。その現状から強みを伸ばし、弱みを克服する。そして、それらの取組みから、機会を活かして脅威を克服する。その姿が取引先のあるべき姿である。そのあるべき姿と現状とのギャップが、課題と言える（図表4-20）。上記で明らかになった現状と、あるべき姿を埋めるための施策が課題解決である。ここに金融機関として、コンサルタントとして求められる取組みがある。**取引先に合った取組みの提案ができることこそ、事業性の理解（評価）の取組みであり真髄**と言える。

　最後に、改めて事業性評価シートとSWOT分析の位置付けについては、しっかりと理解して頂きたい。**シートは埋めるのが目的ではなく会社との対話を通じて相互理解をより深めていくツール**である。そして定性分析だけ行えばよいのではなく、定量分析の上に成り立っていることに注意したい。定量分析によるリスクを把握した上で、定性面の評価を加え、そのリスクを上回る合理的な理由が存在するかどうかを総合的に判断することである。

　またSWOT分析は常に競合比較の目線を持つことと、そこから導き出される課題認識も重要であることも忘れてはならない。

あとがき

　金融庁では、「金融仲介機能のベンチマーク（通称55のベンチマーク）」を通じて金融機関との対話を深め、地域金融機関の生き残りをかけて持続可能なビジネスモデルを模索する動きを深めている。

　中でも「短期継続融資の取組み」は、最も重要なものの1つと考えてよい。そもそも短期継続融資の取組みは、次の点で金融機関の本気度を探る格好の指標となり得る。

　まず第一に、資金繰りの安定に寄与することとなり、重要な本業支援に当たる。経営者の関心は「利益の獲得」と「資金繰りの安定」にあることは言うまでもない。利益の出ない会社は生き残れないし、利益が出ても、資金繰りに行き詰まれば倒れる。

　第二に、短期継続融資を進めるには、取引先の「取引金融機関に対する信頼」が前提となる。過去に貸し剥がしにあった経験のある経営者は、それがトラウマとなって、短期継続融資に警戒感を示す。顧客企業に信頼されている金融機関でないと顧客の理解は得にくい。

　第三に、財務体力および収益力実態を把握する能力を含め、当該金融機関の事業性評価（理解）力を図る指標となりうる。多くの中小企業は、メインの金融機関に対して立場が弱い。メインバンクから、強引に短期継続融資への切り替えを迫られた場合、企業側に不信感と警戒感があったとしても、応じざるを得ないという状況が生れる。金融庁に対して顔が向いている金融機関では、件数稼ぎを目的に起こり得る話である。この場合、企業の財務及び収益力実態を正しく把握し、適切な融資を提供できる能力が備わっており、過去のいきさつはともかくとして、今後は寄り添っていく覚悟のできた金融機関であれば問題ないが、もしそうでなかったら、当該金融機関は、将来に向けて大きなリスクを抱え込んで

しまうことになりかねない。森俊彦氏（元日本銀行金融機構局審議官）が金融財政事情（2016年4月25日号）の中で、図らずも「な〜んちゃって短コロ」と表現されたように、安易な取組みは、当該金融機関の健全性を損なうことに繋がりかねない。

　以上、3つの理由から、金融仲介機能のベンチマークの選択項目のなかでも「短期継続融資への取組み」は重要な項目といえる。最近、金融庁が、金融機関の融資トレンドに大きな関心を示しているのも理解できる。

　最近気になることがある。

　「急速な収益の低下に禁断の果実（与信コスト）に手を染めた」金融機関がある、という多胡秀人氏（金融庁・金融機能強化審査会　会長代理、一般社団法人地域の魅力研究所　代表理事）の指摘（「現代ビジネス」2017年8月23月号）があった。実は、現場サイドからも同様な声が届く。「決算書を入手→機械的に格付けを実施→要注意先となった場合に信用保証協会の保証がつかなければ金融排除」という道筋ができあがってしまっているのではないか…というのである。特にマイナス金利以降、その傾向が目立つと言うのだ。

　各金融機関には、旧金融検査マニュアルに拠って自己査定マニュアルを作成している。そうしたマニュアルに沿って査定すれば、概ね、どの金融機関でも似たものになる。一方、企業の実態を把握する力のない者にとって、個別の判断は怖い。企業を見極める力がないから自己の判断に自信が持てないのだ。マニュアルに沿って判定しておけば、組織の中では無難である。つまり、金融機関は、職員を含め自ら考えるということを忘れたことによって、結果として自らを窮地に追い込んでいると言える。まさに、「マニュアル化の罠」にはまったと言うことだ。

　筆者は、少なくとも本書の読者には、「真正面から向き合い、会話を

重ね、観察を深めることで取引先企業を正しく理解し、円滑な金融仲介のお手伝いをしてほしい、必要とあれば、各々の所属金融機関の中で、地域金融のために、果敢に戦ってほしい」そう願っている。地域経済の浮沈は地域金融機関にかかっている。まさに読者諸君の肩にかかっている。

　本書は、「銀行実務」（2017年6月号～2017年9月号）に掲載した連載および特集記事をベースに組み立てた。「知ってナットク！ 事例集」の有用性については、筆者は古くから認識しており、同事例集が金融庁から示された当時から研修活動の中では度々採り上げて紹介してきたが、文章化する機会がないまま今日に至った。今回、執筆のきっかけを与えてくださった銀行研修社に深く感謝申し上げたい。

　また、内容の補強をお願いした樽谷祐一さんと加藤元弘さんのお2人は、日頃全国を飛び回る忙しい身である。それにもかかわらず執筆を快く引き受けて頂いた。重ねて感謝申し上げる。

　本書が、「企業を理解する」第一歩を踏み出す上で、地域金融に携わる若き金融マンの「道しるべ」となることを期待して、筆を置く。

　2017年9月1日

寺岡　雅顕

著者略歴

加藤元弘

　1972年埼玉県生まれ。中央大学経済学部卒業後、製造業にて勤務。営業、販売、リテールサポート、マーケティング、経営企画等に従事。2011年中小企業診断士として独立。中小企業の事業再生及び事業承継支援を中心に活動。近年では地域金融機関から事業性評価の取組みや、いわゆる「事業性評価シート」の運用に関する相談を受けるケースが多い。株式会社かがやき取締役。

樽谷祐一

　1962年広島県生まれ。中央大学法学部卒業、広島銀行に入行。支店勤務後、融資第二部にて不良債権等の審査処理業務、債権の流動化業務等を担当。その後、しまなみ債権回収株式会社の設立に参画。2002年4月同行を退職。外資系サービサー、法律事務所を経て、株式会社オクトフォースマネジメント執行役員事業再生部長。株式会社かがやき代表取締役。

寺岡雅顕

　1953年山口県生まれ。慶応義塾大学経済学部卒業後、広島銀行に入行。東京企画部を経て、融資第一部にて特定先企業審査および経営改善支援を主導。整理回収機構出向後は、リスク統括部で格付け審査、その後融資企画部で融資人材育成体系を構築し自ら指導を担当。2013年9月独立し、株式会社エフティーエスを設立。株式会社オクトフォースマネジメント相談役、株式会社かがやき顧問、金融検定協会試験委員を兼務。

ベテラン融資マンの事業性評価
事業性評価の罠と事業性理解の実務　　〈検印省略〉

2017年10月16日　初版発行
　1 刷　2017年10月16日
　3 刷　2018年 6 月29日

著　者	寺岡雅顕（てらおかまさあき） 樽谷祐一（たるたにゆういち） 加藤元弘（かとうもとひろ）
発行者	星野広友（ほしのひろとも）
発行所	株式会社 銀行研修社 東京都豊島区北大塚 3 丁目10番 5 号 電話　東京03(3949) 4 1 0 1　（代表） 振替　00120-4-8604番 郵便番号　170-8460

印刷／神谷印刷株式会社
製本／常川製本
落丁・乱丁はおとりかえいたします。ISBN978-4-7657-4559-8　C2033
2017©寺岡雅顕／樽谷祐一／加藤元弘　Printed in Japan　無断複写を禁じます。
★ 定価はカバーに表示してあります。

> 謹告　本書掲載記事の全部または一部の複写、複製、転記転載および磁気または光記録媒体への入力等は法律で禁じられています。これらの許諾については弊社・秘書室（TEL 03-3949-4150 直通）までご照会ください。